Dieter Wartenweiler

Buddhas Spuren im Sand

Dieter Wartenweiler

Buddhas
Spuren im Sand

Betrachtungen

Bibliografische Information der Deutschen Nationalbibliothek: Die Deutsche Nationalbibliothek verzeichnet
diese Publikation in der Deutschen Nationalbibliografie;
detaillierte bibliografische Daten sind im Internet über
dnb.dnb.de abrufbar.

Verlag: BoD • Books on Demand GmbH, In
de Tarpen 42, 22848 Norderstedt
Druck: Libri Plureos GmbH, Friedensallee
273, 22763 Hamburg

ISBN: 978-3-7597-7780-5

Umschlagbild:
Buddhas Füsse in der Stupa von Sanchi, Indien
Lizenz Alamy, UK

Inhalt

Prolog

Wie viele Suchende gibt es doch auf dieser Welt – und vielleicht gehören Sie – lieber Leser, liebe Leserin – auch dazu. Eventuell hat Ihr Weg Sie von einem rein materiell orientierten Dasein zu allen möglichen Weisheitslehren geführt, von denen Sie sich erhofften, zu größerer Einsicht, tiefer Weisheit und eventuell gar Erleuchtung geführt zu werden. Sollten Sie der Ansicht sein, es gefunden zu haben, werden Sie dieses kleine Buch wohl nur flüchtig durchsehen. Es ist aber auch möglich, dass nach all Ihren Versuchen ein unbefriedigendes Gefühl geblieben ist, das Sie veranlasst, weiter zu suchen. Wenn Ihnen das vorliegende kleine Buch in diesem Stadium in die Hände fällt, erhoffen sie sich vielleicht, dadurch ‚einen Schritt weiter zu kommen‘. Aber das wird wohl nicht geschehen.

Der Knackpunkt ist, dass sich die meisten Menschen von der Suche ein Ergebnis ‚für sich‘ erhoffen, doch eine solche Erkenntnis findet sich bedauerlicherweise nicht. Manche begnügen sich daher damit, ‚auf dem Weg zu sein‘, denn der Weg sei das Ziel, und so könnten zumindest Fortschritte verzeichnet werden. Andere wähnen sich auch schon sehr nahe ‚bei sich‘, wenn meistens auch noch nicht ganz, denn sie spüren, dass da doch noch etwas fehlt.

Dieses kleine Buch bietet nichts Zusätzliches ‚für Sie‘, sondern es beschäftigt sich vielmehr mit der Idee, dass Erlösung nicht von uns als Person erlangt werden kann, weil die Vorstellungen, die wir von uns selbst als Person haben, und auch alle Ziele, die sich daraus ableiten mögen, das Hindernis sind. Jede Art von Ziel und Hoffnung basiert auf der Vorstellung, dass dies (später einmal) von ‚mir‘ erreicht werden könne, womit das ‚Ich‘ im Mittelpunkt aller Überlegungen und Bemühungen steht. Das Ziel besteht damit darin, sich selber ausweiten zu können und mit erreichter Erkenntnis zu einem größeren Ich zu werden, das nun gewissermaßen über sich selbst hinausreicht. Wie leicht einzusehen ist, kann das Kleinere das Größere aber nicht umfassen und so selbst grösser werden. Einige versuchen, dies mit einem Trick zu erreichen, indem sie ihr größeres Ich nun das ‚Selbst‘ oder ähnlich nennen und davon ausgehen, dass sie dieses einmal realisieren werden.

Zu den Lehren, von denen man sich entsprechende Anleitungen erhofft, gehört auch der Buddhismus, und es kann nicht verneint werden, dass er nicht auch entsprechende Anleitungen gibt. Jede Anleitung richtet sich aber an ein ‚Ich‘, an eine Person, welche bei entsprechend richtigem Verhalten zu einer in Aussicht gestellten Erkenntnis finden kann. Wird dies nicht erreicht, nehmen die Protagonisten die Schuld im allgemeinen auf sich und denken, dass sie sich nicht richtig verhalten hätten oder sich zu wenig bemühten, und die Erfüllung deshalb noch nicht eingetreten sei. Wer sich schon in buddhistischen Ländern aufgehalten hat, wird bemerkt haben, dass sich vielerorts – vor allem im Mahayana-Buddhismus – enorm komplizierte Modelle entwickelt haben, deren Studium von den Mönchen auch entsprechend lange Studienzeiten erfordern, um so höhere Erkenntnis zu erlangen. Es soll dabei nicht in Frage gestellt werden, dass dies nicht von gewissem Nutzen sein kann, aber es lässt sich auch nicht verneinen, dass es sich hier im Grunde um ausgedehnte Gedankengebäude handelt. Sie enthalten ausgedehnte Lehren, die sich aus ursprünglich einfachen Wahrheiten und grundlegenden Erkenntnissen entwickelt haben, welche wiederum der Fachkräfte bedürfen, um sie zu interpretieren. Schließlich entwickelten sich ganze Hierarchien von Gelehrten, welche Spezialisten für die komplizierten Modelle sind. Das Problem dabei ist, dass es letztlich um Konzepte geht, denn anders kann die umfassende Wirklichkeit nicht beschrieben werden, aber sie sind nie die Wirklichkeit selbst.

Hier soll aber nicht von dieser Art Buddhismus die Rede sein, sondern vielmehr von den einfachen Grundprinzipien, wie sie etwa im Diamant-Sutra formuliert sind: ‚Wenn ein Bodhisattva an der Vorstellung festhält, dass ein Selbst, eine Person, ein Lebewesen oder eine Lebensspanne existiere, dann ist er kein echter Bodhisattva.' Die große Herausforderung liegt also darin, dass keine Art von ‚Ich' oder ‚Selbst' eine irgendwie geartete, tiefe Erkenntnis erreichen kann, denn sie liegt – wenn man überhaupt von so etwas sprechen will – jenseits von Ich und Selbst, von Person und konventionellem Wissen. Kein ‚Ich‘ kann es erlangen, ‚Sie‘ können es nicht finden, keine Person wird je fassen können, worum es hier geht. Manche buddhistische Werke (wie etwa das erwähnte Diamant-Sutra) und auch Zen-Texte weisen auf diesen Umstand hin, und zugleich ist jeder Hinweis gleichzeitig ein Hindernis. ‚Es‘ ist eben von niemandem zu gewinnen, und in diesem Sinne ist es für das Ich und alle, die sich als ‚jemand‘ verstehen, hoffnungslos. Man könnte geneigt sein, dann von einer notwendigen Selbstaufgabe zu sprechen, aber das geht nicht. Kein ‚Ich‘ kann sich vorstellen oder gar anstreben, sich selbst aufzugeben und damit nicht mehr zu existieren, weil es ja nur darin besteht, sich selbst als existierend zu bestätigen. Wenn ‚Sie‘ nicht wären und es trotzdem dieses Leben gäbe – was wäre dann? Jede Überlegung darüber führt dabei zu einem Trugschluss – die Frage lässt sich nicht theoretisch beantworten.

Erfüllung ist nicht in etwas zu finden, das man sich vorstellen kann oder anzustreben vermag. Solches wäre ja auf unsere individuelle Weltsicht begrenzt. Vielmehr geht um etwas, was weit darüber hinausreicht und deshalb gar nicht fassbar ist. So gesehen kann nichts erlangt werden, und dennoch kann sich Erfüllung zeigen. Damit dies geschehen kann, müssen aber alle unsere Vorstellungen wegfallen. Solange noch an etwas geglaubt oder etwas erhofft wird, ist es nicht das, was jenseits aller Beschreibungsmöglichkeiten liegt. Was ‚es‘ ist, kann aber niemand benennen. Es entzieht sich sogar jeder Annäherung. Erst mit der Auflösung aller Bemühungen um tiefere Erkenntnis kann sich eine neue Art von Wahrnehmung ergeben, und darum soll es in diesem kleinen Werk gehen. Es unterscheidet sich damit von jenen Büchern, die in Aussicht stellen, dass man durch die Lektüre etwas besser verstehe, oder weiser würde. Dafür gibt es die ganze (auf alle erdenklichen Bedürfnisse zugeschnittene) Ratgeber-Literatur – und dazu gehören diese Betrachtungen nicht.

Statt weitere Ziele zu setzen und noch etwas in Aussicht zu stellen, sollen hier die Hindernisse einer klaren Sicht im Blickfeld stehen. Wenngleich dadurch nichts Zusätzliches gewonnen wird, lassen sich so immerhin einige allgemeine Täuschungen erkennen. Dies vermag wiederum dazu führen, dass gewisse Illusionen dahinfallen. Dazu kann auch die Vorstellung gehören, dass etwas gewonnen oder aufgegeben werden könnte. So gesehen wird hier ein Thema behandelt, das in sich selbst nicht wirklich fassbar ist. Alles sogenannte Wissen führt nicht zu mehr Verstehen, und es stellt sich gar die Frage, ob es so etwas wie ‚Verstehen‘ überhaupt gibt.

Auch die hier vorliegenden Betrachtungen entziehen sich dem ‚Wissen‘. Selbst warum sie niedergelegt wurden und warum sie allenfalls gelesen werden, ist nicht zu erklären. Das spielt aber auch keine Rolle, denn es geht sowieso nicht um Erklärungen irgendwelcher Art. Was ist hier also zu erwarten? Ohne etwas in Aussicht zu stellen, kann dies nicht gesagt werden. Doch es gibt Fragen: Was zeigt sich, wenn sich der Bereich eines vermeintlichen Wissens als zu eng erweist? Was bleibt, wenn die Suche nach Erkenntnis und Erlösung im Sand verlaufen ist? Was ist dann anders?

Es entspricht der Anforderung solcher Fragestellungen, dass die Behandlung ihrer zentralen Aspekte aus verschiedenen Blickwinkeln erfolgen muss, was nicht ohne Wiederholungen möglich ist. Einen anderen Grund haben diese auch darin, dass die in die im vorliegenden Band zusammengefassten Betrachtungen teilweise unabhängig voneinander entstanden sind und manche erst nachträglich miteinander verbunden wurden. Weil gewisse Passagen durchaus unkonventionelle Erwägungen beinhalten, können solche Repetitionen allerdings auch hilfreich sein, um eine anfängliche Irritation mit der Zeit etwas zu verringern. Dabei braucht aber nicht alles rational eingeordnet zu werden, denn im Unverstandenen liegt oft ein Zauber, der das Gemeinte jenseits von Überlegungen überhaupt erst aufscheinen lässt. Ganz im Sinne des alten Zen-Meisters Nansen, der sagte. ‚Wissen ist nicht der Weg'.

I

Buddhas Spuren

Buddha im Sand

So wie im Christentum mit Jesus die historische Figur gemeint ist, und Christus als Ausdruck eines universellen Prinzips gilt, bezeichnet der Buddhismus mit Siddharta Gautama den Menschen und Überbringer der buddhistischen Lehre, und Buddha bezieht sich auf das Prinzip der Unfassbarkeit allen Seins. Wenn von Buddha die Rede ist oder ‚Buddha' selbst spricht, ist oft auch beides gleichzeitig gemeint. Im Diamant-Sutra bezeichnet er sich selbst als ‚Der von nirgendwoher kommt und nirgendwohin geht', und als ‚nicht-erlangbar'. Von diesem allumfassenden Prinzip sind wir nach der buddhistischen Lehre nicht getrennt – wir sind es selbst. ‚Dieser Leib – das Leben des Buddha' heißt es dazu in einem Zen-Text (Hakuin). Dabei hat ‚Der ewig seiende Buddha keine Gestalt' (Huang Po), und somit ist Buddha auch ‚lediglich ein Name' (Rinzai).

Dieses unfassbare Prinzip steht im Gegensatz zur vergänglichen Erscheinungswelt, worin ‚kein entstandenes Phänomen für einen einzigen Augenblick verweilt, sondern jeden Moment neu entsteht und vergeht' (Akashagarbha-Sutra). Damit verschwinden auch Buddhas Spuren selbst jeden Augenblick. Sie sind wie Spuren im Sand – genau wie unsere eigenen. Beide sind dabei nicht von wirklicher Bedeutung, so wie alle Erscheinungen in sich selbst keine Bedeutung tragen. Lediglich durch unsere Zuordnungen verleihen wir einigen von ihnen Bedeutung. Kein Baum hält sich für bedeutungsvoll, wenngleich wir seine Schönheit bewundern mögen oder wir ihn zu einem Weihnachtsbaum machen – mit aller beigefügten Symbolik, die ‚für uns' Bedeutung hat.

Bezieht man dies auf alle Erscheinungen, so zeigt sich, dass in sich alles ohne eigene Bedeutung – also bedeutungslos – ist. Wir halten unsere selbst geschaffenen Bedeutungen im Allgemeinen aber für so wichtig, dass wir stets in einer bedeutungsschwangeren Welt unterwegs sind. Damit schauen wir ständig in einen Spiegel, in welchem wir uns selbst mit all unseren Werten sehen. Dies erscheint uns dann als ‚reale Welt', obwohl es lediglich die Welt unserer eigenen psychologischen Konstrukte ist. Was uns als Wirklichkeit erscheint, ist nicht ‚wirklich' in einem objektiven Sinne, sondern reine Subjektivität. Wenngleich unsere Auffassungen lange andauern können – im Extremfall ein Leben lang – sind sie doch nicht mehr als Spuren im Sand. Kleinere Wellen können Teile davon wegschwemmen, was uns allen hin und wieder geschieht, doch eine große Welle kann unsere Vorstellungen allesamt einbrechen lassen. Dann begegnen wir einer neuen Welt. Genau genommen sind es aber nicht wir, die einer neuen Welt begegnen, denn alle Vorstellungen, die wir von uns selbst haben, gehören auch zu den Spuren im Sand, die mit der großen Welle verschwinden. Im Gegensatz zu gewissen eigenen Vorstellungen mag unsere vermeintliche Identität – das, wofür wir uns selber halten – wie eine recht stabile Sandburg erscheinen, die den Wellen etwas länger standhält als deren Mauern oder kleinen Türme, und so kann es dauern, bis der Kern unserer Selbstauffassung eventuell einmal weggeschwemmt wird. Manchen Menschen (heute noch vielleicht den meisten) passiert dies allerdings nie, und sie halten sich lebenslang für die Besitzer ihrer Sandburgen, für die Herrscher ihres Weltbildes, nach welchem sich die anderen Menschen in der Umgebung zu richten hätten. Dabei ist zu berücksichtigen, dass es auch kollektive – allgemein anerkannte – Auffassungen darüber gibt, wie die Welt sei, und damit wähnt man sich als Sandburgenbesitzer in zusätzlicher Sicherheit. Weil andere über ähnliche Sandburgen verfügen, gehen wir davon aus, dass die ‚Sandburgenwelt' die wirkliche Welt ist, und solange keine große Welle kommt, können wir auch problemlos daran glauben.

Was wir sehen, ist im Grunde eine Welt von Fußabdrücken – seien es unsere eigenen, oder diejenigen von Christus oder Buddha. Doch selbst eine solche Sichtweise basiert lediglich auf unseren Vorstellungen von uns selbst und von den Religionsgründern. Auch diese Ansichten sind nur Spuren im Sand. Wir haben sie selbst gemacht – als Kollektiv oder als Individuen – und sie werden wieder verschwinden – als Religion oder als persönlicher Glaube. Die Unfassbarkeit, worauf die Religionen letztlich ja verweisen, mag in unserem Vergleich der Sand sein, der sich nicht darum kümmert, welche Spuren zeitweilig darauf erscheinen. Und selbst um unsere Sandburgen kümmert der Sand sich nicht. Die großen Glaubenssysteme – was haben sie schon mit der Tatsächlichkeit unserer Welt zu tun?

Hier soll es aber nicht um Religionskritik gehen, sondern einfach um die relative Bedeutung unserer Auffassungen von der Welt und von uns selbst. Wofür wir die Welt und uns selber halten, entspricht – wie gesagt – lediglich Vorstellungen und Meinungen. Sind wir gar auf einer vermeintlichen ‚Suche nach uns selbst‘, so geht es auch hier meist einfach darum, neue ‚passendere‘ Vorstellungen zu entwickeln. In unserem Vergleich ginge es dabei um Umbauten der Sandburg, ohne dass diese selbst – unser Selbstverständnis – wirklich in Frage gestellt würde. So können wir uns gut mit kleineren Veränderungen arrangieren. Große Wellen sind dabei allerdings unerwünscht, weil sie unsere Vorstellungswelt gesamthaft tangieren oder diese gar zum Einsturz bringen können. Das kann als psychologische Krise erscheinen, und Therapeuten werden sich in diesem Fall bemühen, das alte Weltbild wieder herzustellen und wo notwendig Korrekturen vorzunehmen. Das hieße, einen Wiederaufbau der arg beschädigten oder gar weggeschwemmten Sandburg zu versuchen. Viele mögen damit glücklich werden. Zumindest aber überleben sie die große Krise als Person. Mit einer angepassten Identität sind sie ‚wieder da‘.

15

Einigen geschieht es aber, dass sie den unstabilen Charakter jeder Sandburg erkennen, und dass es keinen Rückweg zu einer neuen Sandburg mehr gibt. Sie werden gar nicht versuchen, wieder eine neuen Burg aufzubauen, sondern erkennen, dass ihr Wesen nicht die Sandburg ist, sondern der Sand selbst – und ebenso das Wasser, das die Burg weggeschwemmt hat. Bedeutend ist dann nicht mehr der Verlust der bisherigen Identität, sondern vielmehr die Sicht auf das große weite ‚Sand-und-Wasser-Land‘, und vor allem die Erkenntnis, dass wir selber dieses sind. In solcher Sichtweise erscheint sogar die komfortabelste Sandburg als eng. Weder Sand noch Wasser stellen sich vor, dass sie gerne eine Sandburg wären oder diese zunichtemachen wollten. Und doch – das Wasser kann letzteres tun, nicht aber der Sandburgenbesitzer. Niemand möchte sein Werk selber zerstören, aber vielleicht zerfällt es einfach – sogar ohne große Welle. Dies mag Menschen geschehen, welche sich auf der Suche nach etwas ‚ganz anderem‘ befinden – einem freien Leben ohne die Enge von Sandburgen – wovon sie zum Voraus aber keine Vorstellung haben können. Ein bewusster Verzicht auf die schützende Sandburg der eigenen Vorstellungen und damit der eigenen Identität kann dabei nur schwerlich erfolgen, doch ist der Sandboden schon etwas unstabil, mag sogar eine kleine Welle genügen, um die Sandburg ernsthaft zu beschädigen. Dabei kann sich plötzlich zeigen, dass wir selber der Sand sind, und wir selber das Wasser.

Sein und Nicht-Sein

Im Kern beschäftigt sich Buddhas Lehre mit dem Leiden des Menschen und seiner Überwindung. Das ist zumindest der Ausgangspunkt der Darlegungen, wie sie übermittelt werden. Die Hauptaussage ist dabei, dass das Leiden seinen Grund in unseren Anhaftungen hat, und Buddha empfiehlt deshalb, alle Anhaftungen aufzugeben (in den ‚vier edlen Wahrheiten). Weil wir an so vielen Dingen hängen, sind wir unfrei, und dies zieht unweigerlich Leiden nach sich. Es geht also nicht um Schmerz, der jederzeit auftreten kann, sondern um das psychisch bedingte Leiden, das in der Folge unserer Einstellungen auftritt. Nach der tradierten Lehre weist Buddha auch gleich den Weg zur Aufhebung des Leidens (der ‚achtfache Pfad') und appelliert an das Verhalten in den Bereichen Sittlichkeit, Bemühen und Weisheit.

Etwas speziell mutet der Umstand an, dass Empfehlungen abgegeben werden, wo Buddha an anderer Stelle doch sagt, dass alle Lehren aufgegeben werden müssen (Diamant-Sutra) – ‚ganz zu schweigen von den Nicht-Lehren'. Damit wird auf eine tiefere Weisheit verwiesen, was Buddha auch direkt ausdrückt: ‚Ich lehre immer die Leerheit, die Ewigkeitsdenken und Nihilismus übersteigt' (Lankavatara-Sutra). Indem einerseits etwas vermittelt wird und andererseits nichts zu vermitteln ist, wird eine Grundthematik des Buddhismus und auch anderer Weisheitslehren angesprochen. Wovon gesprochen wird, übersteigt jede Kategorienbildung, was sich in der doppelten Formulierung und Ausrichtung andeutet.

Es war aber auch niemand von uns dabei, als Buddha seine Lehren verkündete, und es ist nicht ausgeschlossen, dass sich die späteren Schriften an einem dualistischen Verstand orientierten, der gerade überwunden werden sollte. Scheinbar wird etwas gelehrt, doch hat dies keinen wirklichen Inhalt, und genau darum geht es. Diese Doppeldeutigkeit betrifft nun auch uns selbst und unsere Vorstellung von der eigenen Existenz. Im Grunde sind die Begriffe Sein und Nicht-Sein künstliche Unterscheidungen innerhalb von etwas Unbeschreiblichem. Ein alter chinesischer Zen-Meister sagte: ,Sein ist nichts anderes als Nicht-sein, Nichtsein nichts anderes als Sein' (Seng t'san). Unsere Vorstellung zu existieren ist damit nur eine Idee, denn dazu gibt es kein Gegenstück. Existieren und Nicht-Existieren sind Begriffe, die sich gegenseitig aufheben, und was bleibt, liegt jenseits solcher Zuordnungen. Ein anderer Meister (Yoka Daishi) sagte: ,Ist beides, Sein und Nicht-Sein, zur Seite gelegt, ist selbst die Nicht-Leere leer.' Im Buddhismus spielt der Begriff der Leere eine bedeutende Rolle. Alle Erscheinungen werden zugleich als ,leer' bezeichnet. Hier haben wir es wieder mit den beiden Seiten der Welt in ihrer Erscheinung und gleichzeitigen Unfassbarkeit zu tun, wobei beides nicht voneinander getrennt werden kann. In der Aussage, dass etwas existiere und zugleich nicht existiere, liegt zugleich ihre eigene Überwindung.

Ohne hier weiter ins Detail zu gehen, kann gesagt werden, dass unsere Welt und auch wir selbst letztlich nicht in Begriffe gefasst werden können. So gesehen existieren auch wir nur in unserer Vorstellung als getrennte Wesen. Alle Aussagen, die wir über uns selbst und die Welt machen, erfolgen in Begriffen, die keinen wirklichen Inhalt aufweisen. Manche meinen, dass man sich ‚auf die Leere einlassen‘ sollte, doch ist dies ein Trugschluss, denn die Leere ist allen Erscheinungen und uns selbst inhärent, und es kann daher nicht damit umgegangen werden. Letztlich ist aber auch diese Formulierung nur ein Behelf.

Zum Thema Leere erkannte Avalokiteshvara gemäß dem Herz-Sutra: ‚Form ist nichts anderes als Leere und Leere nichts anderes als Form; Form ist identisch mit Leere und Leere identisch mit Form; Empfindung, Denken, Impulse, Bewusstsein – sie alle sind nichts anderes als ebendies‘. Obwohl dieser bedeutende buddhistische Text vielerorts regelmäßig rezitiert wird, ist es erstaunlich, dass kaum jemand diese Aussage wirklich zur Kenntnis nimmt. Weil dies das ganze eigene Selbstverständnis über den Haufen werfen würde, ist dies auch nachvollziehbar. Es verhält sich damit wie mit den Sandburgen, die niemand weggeschwemmt haben will. (Wer will schon sein eigenes Selbstverständnis aufgeben, wenn er im Grund nur aus einem solchen

Selbstverständnis besteht? Da würde ja nichts mehr bleiben.) Weil die Menschen die Welt im Allgemeinen nur in der Qualität der äußeren getrennten Erscheinung wahrnehmen (dem Sein), haben sie die andere Seite des Seins (die Leere, das Nicht-Sein, das wahre Wesen) aus dem Blickfeld verloren. Dadurch fehlt aber etwas, was als unbefriedigend erlebt wird und Anlass dafür bieten kann, auf die Suche zu gehen.

Im Herz-Sutra wird die Leere aller Erscheinungen noch näher beschrieben: ‚Aller Dinge Kennzeichen ist die Leere – sie werden nicht geboren, nicht zerstört, nicht befleckt und nicht gereinigt, sie gewinnen nichts, sie verlieren nichts. Deshalb gibt es in der Leere weder Form noch Empfindung, noch Denken, Impulse, Bewusstsein; weder Augen noch Ohren, noch Nase, Zunge, Körper, Geist; weder Farbe noch Klang, noch Geschmack, noch Berührung, noch einen Gegenstand des Denkens; weder einen Bereich des Sehens noch einen Bereich des Denkens; weder Unwissenheit noch ein Ende der Unwissenheit, weder Alter noch Tod, aber auch kein Ende des Alterns und des Sterbens; kein Leiden, keine Ursache des Leidens, kein Erlöschen, keinen Weg; keine Weisheit, keine Erleuchtung.' Hier wird alles aufgehoben, jede dualistische Differenzierung findet hier ihr Ende. So gesehen ist da einfach ‚nichts', und der entscheidende Punkt ist, dass dies zugleich die Welt ist, und dass auch wir so sind.

Solange wir uns als getrennte Form verstehen und uns als ‚Person' definieren, sind wir in einer äußeren Welt aufgehoben, doch sehen wir nur deren Oberfläche. Das gibt Sicherheit, aber es ermöglicht keinen Tiefgang. Weil wir als Erscheinung selber in gewisser Weise aber zugleich die allumfassende Leere sind, kann es passieren, dass sich die Sicht auf uns und die Welt unvermittelt weitet und das Dasein einschließlich der inhärenten Leere in seinem Gesamtumfang wahrgenommen wird. Allerdings fällt dabei die Person, als die wir uns allgemein verstehen, dahin. Wir wissen dann nicht mehr, wer wir sind. Das ist eine seltsame Wahrnehmung und kann auf der äußeren Ebene zu einigen Anständen und Umtrieben führen. Man könnte dazu sagen, dass alles zu seiner Zeit geschieht, aber selbst der Begriff Zeit ist eine schwierige Angelegenheit.

Gedankenlos

Die Vorstellungen, die wir im Allgemeinen von uns selber haben, sind reine Gedanken. Sie haben nichts mit dem zu tun, was wir wirklich sind. Grundsätzlich identifizieren wir uns aber mit allen Gedanken, die wir haben – nicht nur mit jenen über uns selbst. So wie wir die Welt denken, so ist sie nach diesem Empfinden. Auf Schritt und Tritt begegnen wir damit unserer Gedankenwelt, wobei wir auch unsere Wahrnehmungen interpretieren. Die Summe all dieser Interpretationen ergibt dann unsere Identität als eine Person. ‚Ich‘ bin, was ich denke – nicht nur umgekehrt zu versehen, wie es der Philosoph Descates 1641 formulierte: ‚cogito, ergo sum‘ – ich denke, also bin ich. Hier also: ‚Ich bin, weil ich dies denke‘.

Bewusstseinsmäßig leben wir in einer Welt der Trennung: Da bin ich, und um uns her ist die Welt, von welcher wir getrennt sind. Das war aber nicht immer so. Als Kleinkind lebten wir ungetrennt von der Mutter und von allem Sein rundherum. Erst mit der Zeit bildet sich die Vorstellung vom eigenen Sein als etwas Getrenntem heraus, und in der Pubertätszeit stellen sich die großen Fragen wie: ‚Wer bin ich, was entspricht mir, wo will ich hin' usw. Dagegen ist nichts einzuwenden, denn so bildet sich die Fähigkeit heraus, mit der Welt im Austausch zu sein und mit einzelnen Situationen umzugehen. Nur ist dies nicht die letzte Wirklichkeit, und das Verständnis dafür geht bei der Ichbildung verloren.

Im Grunde ist die eigene Individualität ein Gefühl, das Gefühl ‚da zu sein‘, ja überhaupt zu sein: ‚ich bin real‘, ‚es gibt mich wirklich‘, und da draußen ist eine ‚reale Welt‘, mit der ich im Austausch stehe. So gesehen entsteht mit der Ichbildung auch die Empfindung von Realität, die dann für einen selber, wie auch für die Welt gilt. Das Ich erscheint damit auch als bedeutungsvoll, dies einschließlich des Gefühls, dass ‚ich‘ dafür verantwortlich bin, dass das Leben in möglichst guten Bahnen verläuft und ‚gelingt‘. Was Gelingen bedeutet, hängt dabei wiederum von den eigenen Gedanken und Vorstellungen ab – wenn das Leben ‚gelingt‘, dann werden wiederum die eigenen Vorstellungen bestätigt. Das Ich hat Hoffnungen und Absichten, und glaubt an einen freien Willen. Zwar sind die meisten Lebensgegebenheiten nicht selbst gemacht – etwa der Leib mit all seinen Funktionen, die Lebensereignisse, die uns prägen, die eigenen Fähigkeiten – und doch beginnt das Ich ab einem gewissen Moment, das Steuer des Lebens zu übernehmen – zumindest vermeintlich. Vorher war es nicht so, und im Alter nimmt es wiederum ab, aber zwischendurch besteht die Zeit einer gewissen Selbstüberschätzung. Das Problem dabei ist, dass wir deshalb die eigentlichen Lebensgegebenheiten aus den Augen verlieren und höchst erstaunt sind, wenn der Lebensfluss nicht nach unseren Vorstellungen verläuft. Die Vorstellung, das eigene Leben prägen zu können, ist primär, und anderes Geschehen wird als glückliche Unterstützung oder als leidvolle Störung erlebt.

Das Ich glaubt auch auf einem Weg zu sein, und dass das Leben einen Zweck habe. Diesen Zweck definieren wir allerdings selber, und so schauen wir auch diesbezüglich in den Spiegel unserer Gedankenwelt. Und auch das Leben als Entwicklungsweg verstanden bedarf eines gedanklichen Referenzpunktes, an welchem die Entwicklung gemessen werden kann. Dieser Referenzpunkt entspringt aber ebenfalls unserer Gedankenwelt, und alles Streben danach ist damit ein Faktor, der die ungestörte Wahrnehmung des Lebens behindert. Wir fühlen uns gut oder schlecht, weil das oder jenes erreicht oder nicht erreicht worden ist, weil es in unseren Augen gut war oder nicht. So gesehen sieht das Individuum alle Ereignisse und alle Dinge als Erfahrung und nicht in ihrer natürlichen Weise.

Sich als ‚Ich‘ zu erleben, ist dualistisch. Es entspricht einem Weltbild von Trennung – der Trennung von ‚mir‘ und der Welt. Manche Menschen fühlen sich in dieser Trennung aber nicht wohl – sie fühlen, dass ‚etwas fehlt‘. Und damit beginnt die Suche nach dem Fehlenden. Die Religionen bieten ihrem Selbstverständnis nach Unterstützung, wobei sie dem Ich in Aussicht stellen, dass etwas zu gewinnen sei. Das kann Erlösung sein, Befreiung, Glück, Gelassenheit, Sorgenfreiheit usw. Wenn man sich nur den vorgegebenen Regeln gemäß verhält, kann das Ziel erreicht werden. Stets aber wird es dem Ich in Aussicht gestellt – ,dir' geht es dann besser. Damit wird aber die Trennung bestätigt, was kein wirklicher Ausweg aus dem Dilemma bedeutet. Selbst wenn es um ,Ganzheit' geht, um ,Einheit', ist es das Ich, welche diese gewinnen soll, was aber keine Ganzheit und Einheit sein kann. Nur ohne das Ich kann Einheit bestehen.

In manchen buddhistischen Texten ist ausführlich die Rede davon, dass diese identitätsbildende Gedankenwelt letztlich ohne Substanz ist. So ist die Rede davon, dass die ,fünf Skandhas' leer sind. Die fünf Skandhas sind die Faktoren, welche unsere getrennte menschliche Existenz bestimmen: der Körper, die Empfindungen, die Wahrnehmungen, der Wille und das Bewusstsein. Im Grunde sind die Skandhas einfach das, was wir vermeintlich sind. Und nun wird gesagt, dass dies leer ist. Dass wir nicht unser Körper, unsere Wahrnehmungen, Gefühle und Gedanken und das daraus resultierende (Selbst-) Bewusstsein sind. Die Erfahrung von einem eigenen Leben ist also illusionär. Doch selbst wenn das Ich nach Erlösung (von sich selbst) sucht, wird es genau dadurch bestätigt. Nur ohne Gedanken ist da ,nichts', und es geschieht auch nichts – nichts wird festgestellt. So gesehen ist dies der natürliche Zustand: es geschieht nichts, bis der Geist – die Gedanken – sagen, dass etwas geschehe. Wenn nichts geschieht, ist dies für das Ich aller-

25

dings höchst bedrohlich, denn es besteht ja nur aus der Identifikation mit gedanklich rezipierten Ereignissen. Im Grunde ist das Ich ganz unbeständig – wir können jederzeit unsere Identifikationen verlieren, unserer Geschichte verlustig gehen, die Bedeutung von Ereignissen nicht mehr wie früher sehen, und unsere Selbstdefinitionen verändern sich ohnehin ständig. So gesehen sind wir nicht mehr der Mensch, der wir früher einmal waren, und es gibt ‚uns' daher nicht als fixe Größe. Um der Angst vor einer Selbstauflösung zu entgehen, suchen wir aber Sicherheit in allen möglichen Systemen, und so müssen wir nicht zur Kenntnis nehmen, dass es uns in der vorgestellten Form gar nicht gibt.

Sich nicht zu definieren, das entspricht dem Lüften eines Schleiers, der über der einheitlichen Welt liegt, solange wir sie und uns dualistisch – als getrennt – wahrnehmen. Im Wegfall dieses Schleiers erscheint die ursprüngliche Einheit allen Seins. Sie erschient aber nicht uns als Person (denn da wären ja wieder zwei), vielmehr sind die Dinge einfach so, wie sie sind. Dazu können nun auch Gedanken gehören – auch sie sind Erscheinungen – aber sie bestimmen nicht mehr das Gesehene. Die Wahrnehmungen sind dabei in einem tiefen Sinne ‚gedankenlos'. Nur wenn wir nicht denken, kann alles sein, wie es ist.

Zeitfrei

Die Zeit ist ein Begriff, mit dem wir seit Kindheit umgehen. Im Kindergarten übernahm die Mutter noch die Verantwortung dafür, dass wir zum richtigen Zeitpunkt am richtigen Ort waren, aber spätestens in der Schule mussten wir selber dafür sorgen. Die Uhr in der Küche und später vielleicht eine Armbanduhr hielten uns am Bändel der Zeit, und wenn sie knapp wurde, rannten wir zur Schule, was zumindest für die körperliche Ertüchtigung gut war. So lernten wir früh, dass Zeit ein knappes Gut sei, und diese Auffassung wird später auf das Leben übertragen. Weil auch dieses vergeht, müssten wir uns bemühen, die Dinge schnell und richtig zu tun. So lernten wir es. Dabei ist im Grunde aber offensichtlich, dass es nicht stimmt. Wenn wir zur Schule rannten, wurde weder Zeit verloren noch gewonnen, und es ging lediglich um den Ort, wo wir waren. Ob wir die Lehr- oder Studienjahre ein Jahr früher oder später abschlossen, hat in gleicher Weise nicht mit Zeit zu tun.

Wir denken auch, dass die Zeit etwas ist, das fortschreitet. Scheinbar geht sie von der Vergangenheit zur Gegenwart und in die Zukunft. Doch auch das ist offensichtlich unzutreffend. Wir waren noch nie anderswo als in der Gegenwart, und wenn sich die Verhältnisse in der Außenwelt und auch im eigenen Körper verändern, so geschieht auch dies nicht in der Vergangenheit oder in der Zukunft. ,Vermeide den Irrtum, in Begriffen wie Vergangenheit, Gegenwart und Zukunft zu denken. Die Vergangenheit ist nicht vergangen, die Gegenwart ist ein flüchtiger Augenblick, und die Zukunft muss nicht erst kommen,' sagte der alte chinesische Zen-Meister Huang Po in diesem Sinne. So wie Erscheinungen und Leere letztlich zwei Aspekte einer einzigen Wirklichkeit sind, so sind auch Bewegung und stetige Gegenwart eins. Die Vorstellung von Zeit entsteht erst durch die Interpretation von Abläufen, und ohne eine solche besteht nur das, was erscheint. So sagt Dogen (im Text Uji): ,Wenn an einem Ort Frühling ist, ist es auch überall in der Umgebung Frühling. Der Frühling bedeckt die ganze Gegend. Der Frühling ist nur Frühling; er setzt nicht Winter oder Sommer voraus. Die unaufhörliche Existenz ist genauso.' Da die stete Gegenwart alles Geschehen und auch alle sogenannte Vergangenheit beinhaltet, kann im Grunde auch nicht wirklich von Zeit gesprochen werden. Der Begriff dient damit lediglich der Ordnung von Abläufen, was aber wiederum nur in der Gegenwart erfolgen kann. Damit hat selbst die Vorstellung von ,Gegenwart' kein Gegenüber mehr und so auch keine wirkliche Bedeutung. Es ist einfach, was ist.

So wie die Welt allgemein in der Gestalt von verschiedenen, voneinander getrennten Objekten erfahren und dargestellt wird, kann das stete Geschehen auch in zeitliche Phasen unterteilt werden. Solche Beschreibungen sind aber nie die Sache selbst, und es kann deshalb letztlich nicht gesagt werden, was ‚ist' – weder seiner Substanz nach, noch in zeitlicher Hinsicht. Erst indem die vorbestehende Einheit allen Seins in einzelne Objekte und zeitliche Phasen unterteilt wird, erscheint, was beschrieben werden kann. Immer ist das ‚Eigentliche' aber jenseits aller Beschreibung. Auch wenn Objekte in einer Zeitdimension erscheinen, ist alles zeitfrei eins – ganz unbeschreiblich.

Die Welt – ein Traum

Niemand weiß, was diese Welt ‚wirklich' ist. Das zu wissen würde ja einen Standpunkt außerhalb der Welt voraussetzen, und den gibt es nicht. Entsprechend können wir nur sagen, wie die Welt von uns wahrgenommen wird. Dies ist dann unsere ‚Realität'. Zwangsläufig ist diese aber immer individuell – wir Menschen haben unterschiedliche Wahrnehmungen und leben damit in verschiedenen ‚Realitäten'. Und folgerichtigerweise gibt es keine ‚wirkliche Realität'. Weil viele die eigene Realität aber verabsolutieren – sie also für die einzige und damit die echte Realität halten – gibt es Auseinandersetzungen unter den Menschen. Erstaunlicherweise wird oft nicht in Betracht gezogen, dass andere auch ein Anrecht auf ihre eigene Weltwahrnehmung haben, was zu erheblichen Differenzen führen kann.

Wenn es keine allgemeine, sondern nur eine individuell wahrgenommene ‚Realität' gibt, stellt sich die Frage, ob die Welt überhaupt ‚real' ist oder nicht. Nebst der Individualität jeder Wahrnehmung spielt dabei eine Rolle, ob die einzelnen Erscheinungen selbst als scheinbar getrennte Objekte wahrgenommen werden. Üblicherweise ist dies der Fall – wir nehmen eine Welt voller Gegenstände war, die sich voneinander unterscheiden. Darin bewegen wir uns, und auch wir selbst erfahren uns als von der Umwelt getrennt – als Subjekt in einer Welt voller Objekte. Oft wird gesagt, dass wir ‚in der Welt' leben, was allerdings impliziert, dass wir uns von einer Umwelt unterscheiden. Zugleich ist es die allgemeine menschliche Erfahrung, sich als getrennt zu erleben. Betrachten wir die Sache aber etwas genauer, so zeigt sich die offensichtliche Tatsache, dass wir selbst auch diese Welt sind, und dass die Unterscheidung verschiedener Bereiche selbstgemacht ist. Das buddhistische Lankavatara-Sutra sagt dazu: ‚Was als Vielfalt angesehen wird, ist eine Täuschung, die nicht existiert. Die sichtbare Welt existiert nicht (in der Weise, wie wir uns das vorstellen), die Vielfalt der Dinge entsteht aus dem Geist. Es gibt nichts, was entstanden ist und nichts, was entstehen ließ, selbst Verursachung gibt es nicht. Nur aufgrund des weltlichen Gebrauchs sagt man, dass Dinge existieren. Alle Dinge haben keine Eigennatur, sie sind nur Worte der Leute. Das, was unterschieden wird, hat keine Realität.‘ Hier wird gesagt, dass es im Grunde nur die Einheit allen Seins gibt, und dass alle Unterscheidungen menschengemacht sind. Diese mögen für die Bewältigung des Alltags hilfreich sein, doch verhindern sie gleichzeitig die Sicht auf das ‚Ganze‘, welches doch stets vor unseren Augen liegt. Den Kindern beschreiben und erklären die Eltern die Welt in Form einzelner Dinge, was durchaus seine Berechtigung hat, weil es die Sprachentwicklung und den Umgang mit der Welt überhaupt erst ermöglicht. Selten wird aber gesagt, dass dies nur ein Hilfsmittel für den Umgang mit den vielen wahrgenommenen Gestalten, Formen und Ereignissen ist, wohingegen die Welt einschließlich unserer selbst ein Ganzes ist. Die Einheit des Seins, die jedem Kleinkind anheimgegeben ist, geht daher verloren, was wiederum zum erwähnten Gefühl führen kann, dass ‚etwas fehlt‘.

Im Buddhismus wird die Erscheinungswelt in ihrer Vielfalt als ‚relativ‘ bezeichnet, wohingegen das unfassbare Urprinzip allen Seins als ‚absolut‘ gilt. Im Westen wird die Situation dagegen umgekehrt dargestellt. Man geht davon aus, dass die äußeren Gegebenheiten real sind, und alles andere gilt als unreal. Hier soll dabei nicht der einen oder anderen Betrachtungsweise das Wort geredet werden, denn jede Stellungnahme ist ihrerseits wiederum nur eine punktuelle Angelegenheit und damit nicht wirklich ‚real‘. Es verhält sich mit diesen beiden Aspekten des Seins nicht anders als mit den schon angesprochenen Aspekten von ‚Form‘ und ‚Leere‘. Im buddhistischen Sinne – etwa dem Herz-Sutra entsprechend – wäre die Welt beides zugleich, ‚real‘ und ‚nicht-real‘, wobei auch diese beiden Begriffe eigentlich ohne Substanz sind. Gemäß dem zitierten Lankavatara-Sutra existieren die Dinge nicht als getrennte Erscheinungen, womit sie einen traumhaften Charakter bekommen. Was wir wahrnehmen, sind im Grunde nur unsere eigenen Interpretationen und damit Traumfiguren und Traumerscheinungen innerhalb der grundlegenden Einheit allen Seins. So sagt Buddha (im Akasha-garbha-Sutra): ‚Betrachtet die zusammengesetzten

Dinge, als wären sie wie ein Stern, eine Luftspiegelung, der Schein einer Butterlampe, wie eine Illusion, ein Tautropfen, eine Luftblase im Wasser, wie ein Traum, ein Blitz oder eine Wolke.'

Wenn wir die Welt nur in zerstückelter Form wahrnehmen und dies als ‚Realität' verstehen, ist genau dies der Traum. Die Einzelteile vergehen alle schnell, und im buddhistischen Sinne kann nur Bestand haben, was nicht unterschieden wird. Allerdings kann ohne Unterscheidungen im Prinzip gar nicht mehr von ‚Traum' versus ‚Realität' gesprochen werden. Beides sind ja nur Begriffe, welche für die ungeteilte Wirklichkeit ganz unerheblich sind. Alle Begriffe fallen in der Unfassbarkeit des Seins zusammen, und damit natürlich auch alle Worte dieser Betrachtungen.

Frei vom ‚Ich'

Die eben besprochene trennende Weltsicht hat ihren Ursprung in der primären Unterscheidung von sich selbst und der Welt. Da bin ‚ich', und dort ist ‚die Welt', die sich wiederum in einzelne Objekte aufspaltet. Diese erste Unterscheidung von ‚mir' und allem anderen kann als Kernpunkt unserer allgemeinen Weltauffassung gelten. Dass es ‚mich' als ein von der Welt getrenntes Wesen gibt, wird kaum je in Frage gestellt. Dies mag seinen Grund darin haben, dass es einem allgemeinen Erfahrungswert entspricht, sich selbst als von der übrigen Welt getrennt wahrzunehmen. Damit verbunden ist die Auffassung, dass das ‚Ich' die Möglichkeit hat, mit der Welt ‚umzugehen' – was wiederum voraussetzt, dass es sich dazu in einem Gegensatz befindet. Die Trennung vom ‚Ich' und der Welt ist auch eine Grundlage für die Idee, die Welt beherrschen zu können. Viele glauben das, und dennoch stellt sich die Frage, ob dies tatsächlich so ist. Es ließe sich auch argumentieren, dass die Ereignisse dieser Welt einschließlich der menschlichen Handlungen nicht deshalb stattfinden, weil ‚wir' sie machen, sondern dass die individuellen Lebensformen in unendlicher gegenseitiger Vernetzung stehen und die Welt als Ganzes einfach ihren Lauf nimmt. Wenngleich wir von Trennung sprechen, ist doch alles miteinander verbunden, womit sich die Idee einer wirklichen Trennung als reines Konzept erweist.

Das Ich, auf das wir soviel Wert legen, besteht geradezu darin, sich als getrennt zu erfahren. Wäre dies nicht der Fall, würde es dieses ‚Ich‘ gar nicht geben. Das Ich, das sich als getrennt erfährt, bestätigt so seine eigene Existenz. In dieser Weise erfahren wir uns als weitgehend unabhängige Wesen, von anderen Menschen unterschieden, von der Welt getrennt. Damit wird das Ich wiederum zum individuellen Bezugspunkt all dessen, was erscheint. Was geschieht, passiert ‚mir‘, und als Reaktion darauf entstehen eigene Vorstellungen, Meinungen, Absichten und Ziele. ‚Meine Meinung‘ ist jetzt nicht nur wichtig, sondern der Angelpunkt allen Verhaltens, welches ich wiederum ‚mir‘ zuschreibe. Die Vorstellung der eigenen Existenz als ein ‚Ich‘ bestätigt sich damit selbst – ein Zirkelschluss – und in der Folge gibt es auch ‚mein Leben‘. Als ob jede einzelne Erscheinung ihr eigenes Leben hätte. Hat der Stuhl, auf dem ich sitze, sein eigenes Leben? Der vielleicht nicht, aber bei allen Lebewesen nehmen wir das an. Dabei hängen alle Lebewesen voneinander ab – keines könnte ohne die anderen existieren. Was wäre ‚mein Leben‘ ohne die Luft, ohne die Pflanzen als Nahrungsmittel, ohne andere Menschen?

Wie schon früher zitiert, sagt Buddha (gemäß dem Diamant-Sutra): ‚Wenn ein Bodhisattva an der Vorstellung festhält, dass ein Selbst, eine Person, ein Lebewesen oder eine Lebensspanne existiere, dann ist er kein echter Bodhisattva‘ (ein nach höchster Erkenntnis strebendes Wesen). Die Begriffe ‚Selbst' und ‚Person' können hier mit der Vorstellung eines ‚Ich' gleichgesetzt werden, und wenn es kein getrenntes Lebewesen gibt, gibt es folgerichtigerweise auch keine Lebensspanne. Was nur in der Vorstellung lebt, kann keine Lebensdauer haben. Nur für das vermeintliche Individuum, für die ‚Person' gibt es die Vorstellung eines persönlichen Lebens, und darauf aufbauend die Idee, dass man dafür zu sorgen hat, dass es (den eigenen Vorstellungen entsprechend) ‚richtig' verläuft. Das ist natürlich eine anstrengende Sache, weil das Leben doch seine eigenen Wege geht, und zum Schluss bleibt nur festzustellen, ob und inwieweit dieses ‚Leben' den eigenen Vorstellungen entsprochen hat. Weil diese Vorstellungen wiederum selbst Ausfluss eines sich autonom gestaltenden Lebensprozesses sind, zeigt sich darin auch einfach die Vielfalt und die Widersprüchlichkeit des Lebens. Ohne Konzept eines Ich zeigen sich die Erscheinungen und Ereignisse in einem zeit- und formlosen Raum. Sie geschehen einfach und genügen sich selbst.

Die von Buddha verneinte Existenz eines Ichs als getrenntem Wesen heißt aber nicht, dass da gar nichts existiere. Dies wird im Diamant-Sutra ebenso gesagt: ‚Denke nicht, dass jemand, der den höchsten, vollkommen erwachten Geist in sich erweckt, alle Objekte des Geistes als nicht-existent, als vom Leben abgeschnitten, betrachten müsse.' Person und Selbst sind einfach Begriffe, welche etwas scheinbar Getrenntes umschreiben, wo doch nur Einheit besteht – dieses eine Sein, das alles umfasst. Dessen Existenz wird nicht in Frage gestellt – da ist einfach Leben in seiner Ganzheit.

Es bleibt die Frage, ob sich das ‚Ich‘ als nichtexistent denken kann. Kann ich ‚mir‘ vorstellen, nicht zu sein? Das geht nun allerdings nicht, denn als ‚jemand‘, als ‚ich‘, bestehe ich ja nur daraus, ‚mich‘ als existierend zu erleben. Man kann sich selber also nicht ‚wegdenken‘, und darin liegt die Krux der ganzen Sache. Wäre dies möglich, gäbe es all die Annäherungen nicht, welche sich in der einschlägigen Literatur zeigen. Weil das reine Sein in seiner Ungeschiedenheit letztlich nicht in Worte gefasst werden kann, muss es bei den Versuchen der Umschreibung bleiben. Sie sind nie das Beschriebene selbst und damit Erscheinungen wie alle anderen auch. Es kann aber geschehen, dass sich die Vorstellung ‚jemand‘ zu sein, also die Vorstellung eines scheinbar real existierenden Ichs von alleine auflöst. Dies geschieht nicht als Folge einer eigenen Bemühung oder gar großen Anstrengung, sondern wie alles andere einfach als Lebensprozess. Wenngleich sich darin eine Befreiung ereignen kann, besteht danach nicht ein ‚freies Ich‘, nicht ‚jemand‘, der jetzt frei ist, sondern vielmehr ist die trennende Vorstellung eines ‚Ich‘ weggefallen. Im Pali-Kanon, (welcher die buddhistischen Texte in seiner ursprünglichen Zusammenstellung enthält,) heißt es entsprechend: ‚Erlösung gibt es, doch nicht den erlösten Menschen.' Alle Beschreibungen sind letztlich Konzepte, und ein alter tibetischer Text (Mahamudra) sagt: die ‚Freiheit von allem Konzeptualisieren ist der Pfad aller Buddhas'. Die Vorstellungen, die wir von uns selbst haben, sind lediglich derartige Konzepte, und die Freiheit liegt in ihrem Wegfall. Für das Ich ist dieser Wegfall aber nicht nur ein Leiden – er bedeutet sein Verschwinden.

Rückblick und Exkurs I

Geschichten

Die drei Exkurse zwischen den Hauptkapiteln dienen der Erläuterung verschiedener Arten, wie sich eine persönliche Öffnung für die Unermesslichkeit des Seins vollziehen kann. Am häufigsten zeigt sich ein Prozess der langsamen Öffnung, wo sich die Identifikation mit der Instanz ‚Ich‘, welche das Leben im Griff zu haben glaubt, langsam auflöst. Vom Ich wird dies oft als ein Weg wahrgenommen. Dabei verliert das Ich an Bedeutung und glaubt ‚unterwegs‘ zu sein, ‚Fortschritte zu machen‘ oder ‚in die Nähe des Gesuchten zu kommen‘. Das aber wird allerdings nur Ich-seitig so wahrgenommen. In der Sicht einer Öffnung erscheint das Ich nur als vermeintliche Instanz, die nie mehr als eine Illusion war, die sich auflöst. Wie schon beschrieben besteht dieses Ich aus der Identifikation mit Gedanken, Weltansichten und allen möglichen Vorstellungen, die sich im Laufe der Zeit angesammelt haben. Im Grunde sind dies einfach Geschichten und nicht das, was ist.

Was beschrieben werden kann, sind persönliche Geschichten, die darstellen, wie etwas erlebt wurde. Entsprechend gibt es in diesen Geschichten Erfahrungen und Wege. Nun kann allerdings nicht gesagt werden, dass die als Weg erfahrene Summe verschiedener Ereignisse zu jenem umfassenden

Sein führen würde, von dem hier die Rede ist. Dieses liegt jenseits von allem persönlichen Bemühen und besteht ohnehin immer, und das Problem ist einzig, dass der Blick darauf verhindert sein kann. Vom Standpunkt der persönlichen Wahrnehmung und Geschichte her könnte gesagt werden, dass die vielseitigen Bemühungen um Erkenntnis zu einer langsamen oder auch plötzlichen Befreiung der individuellen Sichtweise und damit eine Lösung der Ich-Identifikation führen. Das erscheint aber nur innerhalb der individuell wahrgenommenen Lebensgeschichte so. Das unermessliche Sein, um das es hier geht, ist jedoch nicht die Folge einer Geschichte, sondern vielmehr stets vorhanden. Wenn schon ließe sich sagen, dass das Bemühen innerhalb dieses reinen Seins stattfindet, letzteres aber nicht die Folge des Bemühens ist.

Das konventionelle Ich-zentrierte Bewusstsein lebt vollständig in Geschichten und sieht nicht darüber hinaus. Dies zeigt sich, wenn man anderen Menschen zuhört und zu verstehen versucht, was sie meinen. Oft handelt es sich um reine Erzählungen davon, was gerade geschehen ist, und die sich durch die Redeweise ‚und dann' ‚und dann' auszeichnen. Meistens wird dabei die eigene Meinung angefügt, welche die Ereignisse bewertet. Gelegentlich erscheint der Zeithorizont ausgedehnter, und es werden Zusammenhänge zwischen einzelnen Ereignissen hergestellt. So wird etwa beschrieben, weshalb etwas geschehen sei, wobei es sich wiederum um Konstruktionen innerhalb von Erklärungsmodellen handelt. Auch psychologische Erwägungen, die sich mit tieferen Zusammenhängen beschäftigen, tun dies innerhalb von Modellen, welche die Verbindung von verschiedenen Ereignissen, Erfahrungen, psychischen Stimmungen oder Verhaltensweisen ermöglichen. Es ist hier nicht gemeint, dass dies keinen Wert hätte, sondern lediglich, dass Erklärungen nur innerhalb von Modellen erfolgen können. Ein solches Verständnis von Zusammenhängen kann durchaus helfen, einen besseren psychischen Zustand zu erreichen – das sei hier nicht in Frage gestellt. Jede Verbesserung erfolgt aber zwangsläufig innerhalb eines Modells, welches wiederum bewertet, was eine Besserung ist.

Wer sich auf einem Weg wähnt, wie er innerhalb von Erfahrung und Geschichte zu bestehen scheint, interessiert sich im Allgemeinen auch dafür, wie die (vermeintlichen) Wege anderer Menschen verliefen und wie ihre Geschichten lauten. Davon soll in den Exkursen berichtet werden – ganz einfach im Bewusstsein, dass es sich dabei ebenso um reine Beschreibungen handelt. Auch diese können nicht zu dem führen, was alle Wege übersteigt, aber sie können interessierten Menschen Anhaltspunkte und vielleicht eine gewisse Orientierung geben. Dazu muss allerdings angefügt werden, dass solche Orientierungen nur innerhalb der persönlichen Erfahrungswelt bestehen, und dass das ‚Eigentliche‘ ohne jede Orientierung ist, ja gar keine Orientierung haben kann, weil es alles umfasst. Anhaltspunkte sind damit stets vorläufig und dienen nur dem sich als Person erfahrenden Menschen, der er im Letzten aber gerade nicht ist. Wir unterscheiden also zwischen dem Vorläufigen in der Geschichte persönlicher Erfahrung und dem Eigentlichen, das weder gesucht noch erreicht werden kann. Dennoch kann es innerhalb der Geschichte Sinn machen, von solchen Wegen zu sprechen, und wenn dies in den drei Exkursen getan wird, so geschieht es auch im Bewusstsein, dass es nicht von wirklichem Nutzen ist, denn in der Unermesslichkeit gibt es einen solchen nicht.

Sehnsucht und Suche

Wenn wir davon ausgehen, dass der Mensch im Zuge der Ich-Bildung und der entsprechenden Trennung vom seinem Urgrund als der ursprünglichen Einheit seine eigentliche innere Kongruenz verloren hat, ist eine Erlösungsbedürftigkeit offensichtlich und leicht nachzuvollziehen. Es fehlt ein Verständnis für sein ursprüngliches Wesen als ungeteiltes Dasein, das nichts mit Identifizierungen zu tun hat. Dieser Mangel hinterlässt eine tiefe Sehnsucht nach dem Fehlenden und lässt manche auf die Suche danach gehen. In jüngeren Lebensjahren wird sie zunächst eher im Äußeren erfolgen, denn die getrennte Außenwelt ist ja das Einzige, was wahrgenommen wird und somit als einzige Realität erscheint. Viel Geld, materielle Güter, glückliche Partnerschaften usw. mögen als erstrebenswerte Ziele erscheinen. Dabei zeigt sich aber, dass die Erfüllung solcher Wünsche nie genügt, und dass es stets noch mehr braucht, wobei die Erfüllung doch nie eintritt. In mittleren Lebensjahren mag sich die Suche auf die spirituelle Ebene verlagern, wo nach einem erfüllenden Geist, neuen Erkenntnissen, tieferem Dasein, Erleuchtung und ähnlichem gesucht wird. Auch da aber wird das Erreichte nie genügen. Mit was immer sich das Ich schmückt, tritt die letzte Erfüllung doch nie ein, und die Odyssee von Lehrern zu Meisterinnen oder geistigen Schulen findet kein Ende. Verbleibt man an einem Ort, so mag man den dargebotenen Ideen folgen und stufenweise Erkenntnisse erlangen, die aber oft nicht die eigenen sind, weil sie einem vorgegebenen Weg folgen. Auch diese liegen ja im Außen, und selbst wenn von Innerlichkeit gesprochen wird, liegt sie in diesem Fall außen. Wenige wenden sich dabei wirklich dem Inneren zu, jenem Inneren, wo nichts ist, was je vorgegeben werden könnte, und wo es auch keine Wegweiser gibt, die einem sagen würden, wo es lang geht. Jeder Wegweiser weist ja auf ein Ziel hin, und das Entscheidende an der Innenwelt ist ja gerade, dass sie keine Ziele aufweist. Sie ist einfach. Im Grunde gibt es keinen Weg, der zu dem führt, was wir ohnehin sind, und so kann es auch keine Wegweiser geben. Wegweiser führen immer in der einen oder anderen Weise auf Abwege, auch wenn sie vielleicht eine Zeitlang als nützlich empfunden werden und es für das Ich auch durchaus sein mögen.

Das große Sehnen, die Empfindung, dass da noch etwas ist, und dass dies gefunden werden könnte, kann nicht durch eine Suche beantwortet werden. Das Sehnen ist eine tiefe Empfindung, welche vom Mangel der Wahrnehmung aller Einheit herrührt. Einheit umfasst alles, und sie kann nicht erweitert werden um eine zusätzliche Einsicht. Was gesucht wird, ist nicht etwas, was gefunden werden könnte, sondern vielmehr wird das, was alles ist – die Einheit allen Seins – erst sichtbar (nicht für eine getrennte Peson), wenn alles, was sich als getrennt erfährt, verschwunden ist. Es gibt also nichts zu gewinnen, sondern vielmehr alles zu verlieren, was die Sicht auf das versperrt, was immer schon da ist.

Das Individuum sieht die Dinge als Erfahrung und nicht auf natürliche Weise. Indem etwas erfahren wird, ist es aber schon getrennt. Dabei ist es nur das Ich – das vermeintliche Ich – das etwas erfahren kann. Erfahrung und Ich gehören zusammen. Das Spezielle dabei ist, dass alles schon ist, was es ist, und dass es nicht noch zusätzlich erfahren werden muss, damit es ist, was es ist. Jede Erfahrung ist im Grunde eine Illusion des Ich. Nur wer sich als getrennt wahrnimmt, kann die Erfahrung von etwas anderem machen. Die tiefe Sehnsucht betrifft aber genau den Zustand des Erfahrungslosen, eine Situation des tiefen inneren Friedens, die nach nichts fragt. Alle sehnen sich danach, aber kaum jemand hört auf, etwas zu wollen. Das ist das große Dilemma, wobei allerdings angemerkt werden muss, dass sich auch niemand dafür entscheiden kann, etwas zu wollen oder nicht zu wollen. Was als eigener Wille erscheint, ist da nicht maßgeblich, und wie schon gesagt, führt alles vermeintliche Wollen ohnehin nicht ins ‚Nicht-Wollen'.

Während die Sehnsucht Ausdruck des tiefen Seins ist – eine Art Antwort auf die Gegebenheit eines trennenden Bewusstseins – ist die Suche in gewisser Weise ein Scheinproblem. Es wird ja etwas gesucht, was es nicht gibt, und selbst der/die Suchende als Mensch, der sich als getrenntes Ich erfährt, ist in dieser Form illusionär. Es gibt ihn nicht. Weder eine Person, noch ein Lebewesen existiert als getrennte Erscheinung, und entsprechend ist auch die Vorstellung eines (höheren) Selbst hinfällig. Wenngleich die Erscheinung eines sich als getrennt erfahrenden Menschen sterben kann, ist es doch nur die illusionäre Erscheinung die stirbt, aber nicht das, was alles ist, und was wir damit auch selber sind. Das, was alles ist, manifestiert sich in scheinbar vielfältiger Weise und vergeht nicht.

Die Sehnsucht danach kann zu einer Wahrnehmung führen, die unpersönlich ist. Es ist nicht die Wahrnehmung einer Person für sich selbst, sondern im besten Falle eine Art Anteilnahme von niemandem an allem. Dies entspricht der Auflösung aller ichbezogenen Gefühle, bis zur Empfindung, dass da niemand ist – keine Person. Wir selbst sind keine Person, und so gesehen ist auch die entsprechende Empfindung keine persönliche.

Exkurs: Langsame Öffnung

Vom Standpunkt der Person her erscheint die spirituelle Öffnung als ein Prozess, der sich ereignet, obwohl es letztlich nicht so ist. Vielmehr geschieht nichts wirklich, wenn sich die Existenz eines behaupteten ‚Ich' als Illusion erweist. Letzteres kann auf verschiedene Arten geschehen. Es können im Wesentlichen drei Erfahrungsformen unterschieden werden: (1) der (vermeintliche) Prozess einer langsamen Öffnung bzw. eines langsamen Dahinschwindens der Identifikation mit einem ‚Ich', (2) eine plötzliche Öffnung, wobei das, was als Selbstwahrnehmung beschrieben werden könnte, sich im Rahmen eines einmaligen Ereignisses ändert, und (3) gibt es auch Menschen, die im beschriebenen Sinne immer schon offen waren und gar nichts anderes kennen. In den Fällen einer kontinuierlichen und einer plötzlichen Öffnung bringt dieses Geschehen bestimmte Anforderungen mit sich. Wenn sich Weltsicht und Eigenwahrnehmung grundlegend verändern, verliert sich die bisherige Orientierung, und es zeigt sich eine andere Daseinsform. Wer jedoch immer schon in dieser Daseinsform gewesen ist, hat damit zwar keine Mühe, da ja nichts anderes bekannt ist, aber es ergeben sich dafür erhebliche Schwierigkeiten in der Anpassung an eine Welt, worin die meisten Menschen sich als Personen mit einem ‚Ich' verstehen und die Welt als ausschließlich ‚real' erfahren.

In diesem ersten Exkurs ist die Rede von jenen Menschen, welche sich in einem langsamen Prozess der Öffnung wähnen und dabei ihrer bisherigen Identität mehr und mehr verlustig gehen. Viele spirituell Suchende gehören zu dieser Kategorie. Unzufrieden mit ihrem Seinszustand in der Welt, und eventuell auch an ihrer persönlichen Verfassung leidend, versuchen sie, auf allen möglichen Wegen zu einer ‚tieferen Erkenntnis‘ und einer neuen inneren Befindlichkeit zu gelangen. Oft wird alles äußere Dasein einschließlich einem möglichen Erfolg in der Gesellschaft als unbefriedigend erfahren. Etwas scheint zu fehlen, was nicht benannt werden kann, und darauf richtet sich die Suche. Da es viele Anbieter gibt, welche ein besonderes Seelenheil in Aussicht stellen, wenden sich manche Sucherinnen und Sucher an Heiler, Gurus, Schamanen und Lehrende verschiedenster Traditionen, und viele gehen dabei von einem zum nächsten Angebot, weil sich das erhoffte Glück jeweils nicht auf Dauer einstellt. Es wird immer ‚etwas‘ gesucht, auch wenn es nicht genau benannt werden kann, und man hofft, es für sich gewinnen zu können. Da die Anbieter den Teilnehmenden ihrer Kurse und Zeremonien etwas versprechen, das sie erreichen können, muss die Idee, etwas ‚für sich‘ gewinnen zu können, nicht aufgegeben werden. Diese Angebote richten sich an die ‚Person‘, und die Lehrenden vermitteln den Eindruck, etwas zu wissen, was die ‚Schüler/innen‘ nicht kennen, und das sie zu erlangen hoffen. Die Wege sind oft kompliziert, und die empfohlenen Übungen müssen lange ausgeführt werden. Gewisse buddhistische Schulen benötigen sogar mehr als eine Inkarnation, um zum gesuchten Erlösungszustand zu gelangen, und auch das Christentum verlegt die endgültige Erlösung auf die Zeit nach dem Tod. In der Zwischenzeit liegen große Bemühungen und endlose Anstrengungen, die schließlich doch zu nichts führen.

Wird diese Art von Suche nach Jahren und oft Jahrzehnten aufgegeben, kann sich eine bleibende Resignation einstellen, aber es ist auch möglich, dass ein anderer Prozess in Gang kommt. Es ist die Zeit der schwindenden Orientierung, der möglichen Verzweiflung, und der Annäherung an eine Art inneren Tod. Auch dieser Prozess kann länger dauern – das soll hier nicht in Abrede gestellt werden. Obwohl es im Sinne der letztlichen Illusion unserer Vorstellungen und Wünsche nur ein scheinbares Geschehen ist, lässt es für das Ich doch nichts an Dramatik vermissen, wobei das Erleben verschiedener Menschen natürlich unterschiedlich ist.

In diesem langsamen Prozess stirbt etwas – und wenn es auch nur eine Illusion ist. Es erscheint als ein Dahinscheiden des ‚Ich‘, der ganzen Identität, die über Jahre und Jahrzehnte aufgebaut worden war. Während das Kleinkind noch weitgehend ohne derartige Strukturen funktioniert, bildet sich – wie schon erwähnt – im späteren Kindesalter langsam eine Identität heraus, auch wenn sie teilweise noch unbewusst ist. In der Pubertätszeit und dem jungen Erwachsenenalter wird sie Schritt für Schritt verfestigt, denn es ist den jungen Menschen wichtig herauszufinden, ‚wer sie sind'. Indem sie ihre Selbstfindung zum Ausdruck bringen, definieren sie sich gleichzeitig. Im Rahmen eines Prozesses der Öffnung wird diese Struktur wieder gelockert, oder sie verliert sich von selbst mit abnehmender Bindung an die Welt. Ein Problem, das sich oft stellt, liegt darin, dass der/die Suchende zwar die Fixierung auf das Ich aufgeben möchte, aber nur, um letztlich doch ‚für sich' einen anderen, besseren Zustand zu erreichen. In diesem Fall gibt es zwei innere Tendenzen: die Neigung zur eigenen Relativierung und zugleich das Bestreben, in diesem Geschehen selbst bestehen zu bleiben. Wer sollte denn etwas davon haben, wenn man durch das ganze Prozedere nicht etwas gewinnt? So zeigt sich parallel zum Bestreben nach Erkenntnis zugleich ein erheblicher Widerstand dagegen, genau dies zu erreichen, denn dies würde (aus der Sicht des Ich) den Preis einer Selbstaufgabe verlangen. Diese innere Pattsituation kann über längere Zeit anhalten, und manche Menschen bleiben ganz darin stecken. Man möchte etwas und verhindert es zugleich.

Genau jenes ‚Ich', welches das große Ziel anstrebt, muss verschwinden. Es kann sich aber nicht selber aufgeben, weil es nur darin besteht, sich selbst zu bestätigen und als existierend zu erfahren. Dieser ‚shift' ins Neue kann nur geschehen, wenn dieser nicht gewollt wird. Ist ein solcher Prozess im Gang, dann können selbst Gedanken von einer gewissen Todesnähe aufkommen. Eigentlich geht es aber nur um die Auflösung einer Illusion. Das Ich erleidet seine eigene Relativierung. Dies kann sich als schmerzliches Geschehen anfühlen, bis hin zu einer Art Kreuzigung, wo es kein Vor und kein Zurück mehr gibt. Der Mystiker Johannes vom Kreuz spricht von aktiven und passiven Nächten der Sinne und des Geistes, und so erfahren es auch manche in diesem Geschehen. Zuerst bemüht sich der suchende Mensch noch aktiv um Erkenntnis und Erlösung, und schließlich gerät er in einen Zustand, wo sich das Geschehen – für ihn ‚passiv' – einfach vollzieht. Dieser Prozess kann nicht gesteuert, sondern nur ausgehalten werden. Hier gibt es auch kein Zurück mehr – der Rückweg ins konventionelle Bewusstsein, in ein Dasein in einer rein äußeren ‚Realität', ist nicht mehr möglich. Die Vorstellungen einer realen Welt und der eigenen Existenz darin werden nebst den vielen Gedanken ja nur dadurch geschaffen und aufrechterhalten, als man sich dauernd mit irgendwelchen Aufgaben und Dingen beschäftigt, die einen anziehen. Die Bezüge dieser Anziehung erweisen sich aber zunehmend als reine Projektion, die nun aufgelöst wird. Bis dies ganz geschehen ist, leidet man an sich selber, am inneren Zwiespalt, an der Differenz zwischen vermeintlicher Realität und dem, was als ‚Nichts' erahnt wird.

Zerfällt schließlich die Identifikation mit dem Ich und verschwinden alle Vorstellungen von sich selber, dann ist auch niemand mehr da, der nun etwas davon hätte. Ebenso verschwindet der/die Suchende und so hat die Suche nicht deshalb ein Ende, weil etwas gefunden worden wäre, sondern weil es den Suchenden nicht mehr gibt. Auch die äußeren Erscheinungen verlieren ihre Bedeutung, die sie ja nur dadurch haben, dass wir ihnen diese geben, und die Welt wird offen und frei – allerdings ‚für niemanden'. Da sind nur noch die Erscheinungen, ohne Wertung, ohne persönlichen Bezug. Sie sind frei, gerade so wie sie sind. Nichts mehr muss angestrebt werden, weil alles als vollständig erscheint – ja nicht einmal als das, denn es gibt keinen Gegenpol dazu. Damit ist auch Vollständigkeit als Begriff inhaltsleer wie andere Worte, etwa Existenz oder Nicht-Existenz, Einheit von Form und Leere, Erfüllung, dauernder Friede und Weiteres, das es so nicht gibt, weil es keine Zweiheit, keine Dualität gibt. All das sind nur Begriffe, und diese zerfallen, wenn es keine Abgrenzung mehr gibt.

II

Sich selbst vergessen

Ohne Bezugspunkt

Der im 13. Jh. lebende Zen-Meister Dogen, der Zen von China nach Japan gebracht hatte, gewann den Berichten nach tiefe Einsicht, als er die donnernde Stimme seines Lehrers Nyojo sagen hörte: ‚Körper und Geist fallen lassen!‘ Später schrieb Dogen: ‚Den Buddhaweg zu erfahren bedeutet, sich selbst erfahren. Sich selbst erfahren heißt, sich selbst vergessen. Sich selbst vergessen heißt sich selbst wahrnehmen in allen Dingen. Dies zu erkennen ist das Abfallen von Körper und Geist, von sich selbst und anderen.‘

Es ist eigenartig zu sehen, wie sehr sich die Menschen auch heute bemühen, sich selbst loszuwerden. Es scheint ein Gefühl dafür zu geben, dass unser Dasein als ein ‚Ich‘ (durch die Identifikation mit Körper und Geist) eine Art Gefängnis ist, das viele überwinden möchten. Manche erhoffen sich dadurch Erleuchtung, womit sich die wunderbarsten Vorstellungen verbinden. Auch darauf nimmt Dogen Bezug, indem er gleich anschließend an das obige Zitat weiter sagt: ‚Wenn du dieses Stadium (Körper und Geist fallen gelassen, alles vergessen) erreicht hast, wirst du sogar von der Erleuchtung losgelöst sein, du wirst sie jedoch fortwährend ausüben, ohne an sie zu denken.‘ Mit der Befreiung vom ‚Ich‘ verschwindet auch der Gedanke oder die Vorstellung von Erleuchtung, die an ein Ich gebunden ist. Die Befreiung entspricht vielmehr seiner Auflösung.

Wem solches geschieht, verliert die Perspektive. Jede Sicht auf die Welt setzt einen Blickwinkel voraus, ein Fadenkreuz, von dem her alles gesehen und interpretiert wird. Dieser Angelpunkt der Perspektive bin ‚ich‘, und was gesehen wird, geschieht aus ‚meiner Perspektive‘. Jede Perspektive setzt ein ‚Ich‘ voraus, ein Zentrum der eigenen Persönlichkeit. Verliert sich nun dieses Ich (wird es vergessen, um mit Dogen zu sprechen) so verschwindet auch der perspektivische Blickwinkel, aus welchem die Welt betrachtet wird, und woher man auch sich selbst versteht. Schaut man in einen Spiegel, so hat man normalerweise das Gefühl, dass da ‚jemand‘ ist, und das ist man selbst. Aber dem ist nicht wirklich so. Alles, was wir in dieser Gestalt im Spiegel sehen, sind unsere eigenen Vorstellungen. Weil der Leib zumindest äußerlich gesehen eine gewisse Abgrenzung aufweist, gehen wir davon aus, dass dies auch bezüglich von ‚uns selbst‘ so sei. Und beides wird im Buddhismus infrage gestellt, oder – noch weitergehend – abgelehnt. Jede Vorstellung eines abgegrenzten Körpers ist an sich schon eine reine Interpretation. So spricht der alte tibetische Gelehrte Rechungpa von einem ‚illusorischen Körper‘, und der japanische Zen-Meister Kodo Sawaki (1880-1965) hält ihn für einen Traum. Entsprechend postuliert auch das bereits erwähnte Herz-Sutra, dass die ‚fünf Skandhas‘ leer sind. Wie bereits andernorts formuliert sind dies: der Körper, die Empfindungen, die Wahrnehmungen, der Wille und das Bewusstsein.

Ohne Perspektive kann nicht mehr gesagt werden, was die Welt ist, und auch nicht, wer man selber ist. Als der alte Meister Bodhidharma, der den Buddhismus (der Legende nach) von Indien nach China brachte, vom dortigen Kaiser gefragt wurde, wer er sei, antwortete er darauf: ‚Ich weiß es nicht'. Dies ist die ehrliche Antwort, die sich aus dem Verlust jeder Perspektive ergibt. Wir wissen nicht mehr, wer wir sind. Und dies ist keine theoretische Aussage, sondern es fühlt sich wirklich so an. Man weiß tatsächlich nicht mehr, wer man ist, und es gibt keine Möglichkeit mehr, sich selbst zu definieren. ‚Ich bin der oder die und so und so' zu sagen, geht nicht mehr. Und indem dies nicht mehr gesagt werden kann, ist auch niemand mehr da, der sich definieren könnte. Jede Selbstdefinition setzt ja die Vorstellung eines ‚Ich' voraus, und umgekehrt kann nur ein ‚Ich' sich selbst definieren. All dies zerfällt oder wird vergessen, wie Dogen es beschreibt. Da ist niemand mehr, der von sich sagen könnte, dass er oder sie als Person existiert. Mit der vermeintlichen Person fallen auch alle ihre Interpretationen dahin, oder anders gesagt: wo nichts Bestimmtes mehr interpretiert wird, ist auch niemand mehr da, der interpretieren könnte. Person und Interpretation fallen in eines zusammen, und beides verschwindet.

Konsequenterweise kann auch nicht gesagt werden, dass das Wegfallen der ‚Person' erfahren wird. Vielmehr besteht da (im Vergleich zur konventionellen Betrachtungsweise von sich selbst) einfach eine Lücke. Es ist ‚leer'. Die fünf Skandhas (hier etwas erweitert definiert als: Körper und Sinne, Empfindungen mit Gefühlen und Denken, Wahrnehmungen und Identifikationen, Interessen und Willenstätigkeiten, sowie das Bewusstsein bezeichnet), gehören nicht mehr einem ‚Ich' zu, wenngleich sie durchaus weiterhin erscheinen können. Denken beispielsweise geschieht, auch wenn es nicht einem ‚Ich' zugeordnet wird. Nur konventionellerweise meinen wir, dass ‚ich' denke. Das ist aber offensichtlich nicht der Fall, worauf etwa die Frage hinweisen kann: Kann man sich vornehmen, einen bestimmten Gedanken zu haben? Kann ich also denken, was ich denken möchte? Das geht offensichtlich nicht. Gedanken erscheinen einfach – ohne dass es dafür ein Ich bräuchte. So ist es auch mit den Gefühlen, den Wahrnehmungen und Interessen usw. Sie sind alle ohne eigene Substanz und erscheinen einfach, von niemandem gemacht. Insofern sind die Skandhas leer. Und sie (die Gedanken, Gefühle etc.) verschwinden ja auch gleich wieder, denn nichts davon hat Bestand. Auch das, was als eigene Identität wahrgenommen und vermutet wird, wechselt ständig. Das Kind, das wir einmal waren, gibt es längst nicht mehr, und mit ihm zusammen auch alle damaligen Gefühle. Und was wir jetzt als Identität wahrnehmen mögen, gibt es auch bald nicht mehr. So existiert keine Identität dauerhaft und damit ‚wirklich', und sich angesichts dessen überhaupt definieren zu wollen, macht im

57

Grunde keinen Sinn. Nur im Traum einer vermeintlichen Existenz können wir sagen, dass und
wer wir sind. Aber alles, was wir für wesentlich und
identitätsbestimmend halten, kann zerfallen. Danach ist einfach das ‚eine Sein'.

Wer, wo, was und wie?

Auf dem Weg, sich selbst zu vergessen – die Identifikation mit Körper und Geist fallen zu lassen, wie Dogen sagt – gibt es eine Phase der Orientierungslosigkeit. Wir wissen nicht mehr, wer wir sind, was die Verhältnisse sind und wie sich alles verhält. Es ist die Wahrnehmung, ‚keine Ahnung‘ (mehr) zu haben. Einerseits glauben wir noch, jemand Bestimmtes zu sein, und andererseits ist da die Empfindung, dass es anders ist. Wir möchten an der Identifikation mit unseren Auffassungen und unseren Verhältnissen festhalten, und doch geht es irgendwie nicht mehr. Zwei Wahrnehmungen begegnen sich: das bisherige Bewusstsein, ‚jemand‘ zu sein, und eine Ahnung davon, ‚nicht zu sein‘ – weggegangen zu sein von einem ‚Ich‘, das sich für bedeutungsvoll gehalten hat.

Der Prozess mag als eine Art innere Auseinandersetzung erscheinen, und zugleich kann diese nicht ‚bewusst‘ geführt werden – sie erscheint vielmehr als ein Geschehen, das sich an einem vollzieht. Der alte christliche Mystiker Johannes vom Kreuz wurde schon erwähnt, der von den aktiven und passiven Nächten der Sinne und des Geistes sprach. Als aktiv könnte der Mensch gelten, der sich um spirituelle Erkenntnis bemüht, und passiv wäre jenes Geschehen, das sich einfach vollzieht. Im Grund ist aber selbst das scheinbar aktive Bemühen etwas, das einfach geschieht. Insofern sind wir stets einfach dieser Lebensprozess, auch dann, wenn wir uns als handelnd erleben. ,Ich habe mich doch entschieden, dies oder jenes zu tun', ist dabei die Meinung, und doch war niemand da, der dies wirklich tat. Es ist einzig das Ich, welches dies so erlebt. So gesehen ist auch die vermeintliche Orientierung, um die wir uns (dem eigenen Eindruck nach) bemühen, keine wirkliche, sondern sie entspricht einfach der Summe der Anhaltspunkte, mit welchen wir uns identifizieren. Jede Orientierung ist relativ – etwas orientiert sich an etwas anderem; etwas wird zu etwas anderem in Bezug gesetzt. Wo dies wegfällt, gibt es keine Orientierung mehr. So gesehen ist Orientierung immer künstlich – nicht das, was ist.

,Keine Ahnung zu haben', ist demgegenüber eine echte Empfindung, weil es keine Idee mehr gibt, zu wissen, was und wie etwas ist. Vielmehr ist da einfach die Wahrnehmung, dass es ein solches Wissen gar nicht geben kann. ,Wissen ist nicht der Weg', sagte der alte Zen-Meister Nansen wie erwähnt dazu. Hier zerfällt also einfach eine Illusion – die Illusion einer Orientierung, die nur das Resultat geistiger Aktivitäten und Vorstellungen ist. Die entstehende Orientierungslosigkeit kann dabei durchaus ein Problem sein. Wenn wir uns an Orientierung gewöhnt sind – was der Normalzustand unseres kollektiven Bewusstseins ist – dann ist das plötzliche Auftreten von Orientierungslosigkeit ein Dilemma, das durchaus Verwirrung auslösen kann. Das, was wir als unser Ich bezeichnen, vermittelt ja Orientierung, indem es für die Erklärung der Welt

Modelle zur Verfügung stellt. Diese können den Umgang mit der Welt zwar erleichtern, aber sie generieren auch immer wieder gleiche Erklärungs- und damit Erfahrungsmuster, was eine Begrenzung darstellt. Mit einer abnehmenden Orientierungsfähigkeit vermindert sich wiederum die Bedeutung unserer Identifikationen und damit des Ich als Instanz. Überraschenderweise zeigt sich, dass das Leben ohne das Bedürfnis nach den konventionellen Orientierungen von einer viel größeren Offenheit und Lebendigkeit ist. Damit zeigt sich gewissermaßen der Urzustand, der immer schon war, und dies stellt auch eine Entlastung dar. So wie das Wegfallen der vorgestellten eigenen Identität für das Ich ein Leiden darstellt, ist umgekehrt der Verlust der vermeintlichen Orientierung eine Befreiung. Im Grunde ist es die Befreiung vom Ich. Keine Orientierung – kein Ich. Kein Ich – keine Orientierung. Hier zeigt sich eine ‚Befreiung von sich selbst‘, – ich muss nicht mehr ‚mich‘ sein, um zu sein. Da ist einfach reines Sein.

Der alte Zen-Meister Yoka Daishi sagt dazu: ‚Wenn du klar und deutlich siehst, gibt es nicht ein Ding, weder Mensch noch Buddha. Die zahllosen Welten des Universums sind wie Blasen im Meer. Heilige und Weise nur kurz aufleuchtende Blitze.‘ Alle diese Vorstellungen dienen zu unserer ‚Orientierung‘, doch sie sind nicht von Dauer. In dem reinen Sein blitzen einfach Erscheinungen auf, Vorstellungen, Meinungen, Ereignisse. Wenn es ‚nicht ein Ding, weder Mensch noch Buddha' gibt, dann ist auch die Vorstellung von ,mir selbst' ohne Gehalt. In dieser flüchtigen Erscheinungswelt ist es damit ganz folgerichtig, ,keine Ahnung' zu haben – nicht zu wissen, was hier ist und was sich vollzieht. Darüber etwas zu wissen, wäre ja nur das Spiel unserer Vorstellungen, und wenn sich dieses als Illusion erweist, ist es kein wirklicher Verlust. Tatsächlich ändert sich gar nichts, wenn wir keine Aussagen mehr darüber machen, ,wie es ist' – dann ist einfach, was ist. Dennoch entspringt das Erscheinen von Ansichten einfach dem Lebensprozess, und so ist dies nicht zu bemängeln. Auch das ist einfach was geschieht – Ansichten erscheinen. Und sie können auch wieder verschwinden. Dann wissen wir nichts mehr darüber ,wer, wo, was und wie' alles ist, und dies ist der ursprüngliche Zustand des reinen Seins.

Illusionen verlieren

In einer Erzählung, von W.J. Gabb (die von Henry Platov unter dem Titel ‚Der Eremit‘ veröffentlicht wurde) traf ein Hirseverkäufer im alten China auf einen Zen-Meister. Die beiden kamen miteinander ins Gespräch, und der Meister war erstaunt über dessen kluge Bemerkungen. – ‚Für einen Hirseverkäufer sind Sie ein großartiger Philosoph‘, sagte er. ‚Als Eremit habe ich viel Zeit zum Meditieren‘, stimmte der Mann zu. ‚Haben Sie gesagt 'Eremit'?‘ fragte der Meister, denn er dachte, er hätte missverstanden. Der Mann deutete auf das Menschengedränge und sprach: ‚Durch die Erfordernisse der Umstände wurden die letzten Spuren meines Privatlebens ausgewischt. Nun ist meine Abgeschiedenheit vollkommen.‘ – Auf Wunsch des Meisters erklärte er weiter, dass er ursprünglich Eremit werden wollte, doch hätte er stattdessen geheiratet und nun für eine große Familie zu sorgen. – ‚Endlich, als meine Zeit ganz ausgefüllt war, ging ich weg, und jetzt lebe ich allein im Schoss meiner Familie und im Lärm des Marktes. Ich bezweifle, ob ich je zurückkommen werde.‘

Der springende Punkt an dieser (hier nicht vollständig zitierten) Erzählung ist, dass der Hirseverkäufer ‚weggegangen‘ ist und nun ‚allein‘ in der Familie und auf dem Markt lebt. Solcherart ‚wegzugehen‘ kann erfahren werden, wenn sich die Identifikation mit den Lebensumständen und der Vorstellung von sich als einer bestimmten Person auf-

löst. Und das ist keine einfache Angelegenheit.
Wenn es allem an den Kragen geht, was uns wichtig und wertvoll erscheint, allen Vorstellungen von
uns selbst, dann wird es für die Peron, als die wir
uns identifizieren, durchaus schmerzlich. C. G. Jung
schreibt, dass das Ich seine eigene Ausweitung erleidet. Im Gegenzug zu dem viel Größeren, das
zunehmend in Erscheinung tritt, verliert das Ich an
Bedeutung. Wieweit es überhaupt vergeht, wird in
den verschiedenen mystischen Schulen unterschiedlich beschrieben. Ist der Hirseverkäufer nun noch
‚da‘ als der bisherige Mensch? Oder ist es jemand
anders? Oder gar keiner? Dies kann tatsächlich
unterschiedlich beantwortet werden, aber jedenfalls
geht es um eine fundamentale Veränderung. Etwas,
was früher bedeutungsvoll war, ja was die eigene
Identität ausmachte, wird unwichtig oder ist gar
nicht mehr vorhanden. Ja die Empfindung kann
sogar noch weiter gehen: es zeigt sich, dass diese
Identität im Grunde gar nie da war – dass es sich
eigentlich um eine Illusion handelte. Schon immer
waren wir ‚weg‘, schon immer waren wir etwas
anderes, als die abgegrenzte Person, als die wir uns
erlebten.

Der Verlust der bisherigen Vorstellung von
uns selbst entspricht einer radikalen Umwälzung,
die schmerzhaft erlebt werden kann. Was der Hirseverkäufer als seinen neuen Zustand schildert – ein
Dasein im freien Geist und inmitten seiner Familie
– mag sich für das Ich über längere Zeit angebahnt

haben, und es ist möglich, dass es manchen inneren Kampf gab, bis sich die zwei Seiten Eremit und Familienvater zur Einheit verschmelzen konnten Und dabei ist es auch nicht geblieben – auch diese neue Wahrnehmung musste noch überwunden werden. Darin war er ja noch ‚jemand‘, doch als ganz ‚Weggegangener‘ konnte er sich nicht mehr in solcher Weise als ‚Person‘ wahrgenommen haben. ‚Wegzugehen‘ heißt aufzuhören, als identifizierte Person zu existieren. Und dennoch ist da noch eine Gestalt, welche in der Familie und auf dem Markt erscheint. Da ist aber niemand mehr, der dies macht, sondern nur mehr das reine Geschehen. Es ist das Leben selbst, das in diesem Fall als ‚Hirse-verkäufer‘ auf dem Markt erscheint und für die Familie sorgt, doch niemand identifiziert sich damit.

Der Wegfall einer früher erlebten Identität wird als intensiv erlebt, obwohl es – wie schon gesagt – nur der Verlust einer Illusion ist. Von der Person selbst kann dies durchaus als vollkommene seelische Erschütterung erlebt werden, die alles aus den Angeln hebt, was bisher gegolten hat. Und dennoch geht das Leben weiter, aber nicht mehr als ‚mein Leben‘. Es gibt einfach Leben, das wir selber sind. Dies ist mehr, als am Leben ‚teilzuhaben‘, wie gelegentlich gesagt wird, denn da ist niemand, der von diesem Leben getrennt wäre, und daher auch nicht an etwas davon teilhat.

Buddha sagt dazu im Diamant-Sutra: ‚Gute Kinder, ihr habt die Bedeutung der Leerheit recht erkannt, die in der Abwesenheit eines Ichs oder Selbst besteht und zum völlig offenen Geisteszustand ohne Ichbezogenheit führt. .. Gebt alle sinnlosen Unterscheidungen auf, trennt euch von falschen Ideen und folgt dem Weg der Wahrheit. Unterscheidet nicht zwischen lang und kurz, zwischen Existierendem und Nichtexistierendem. Wenn ihr die vollkommene Wahrheit verstanden habt, werdet ihr keine Angst mehr haben und nicht mehr an Existenz oder Nichtexistenz festhalten.' – Diese Äußerungen zeigen in schöner Weise, dass Formulierungen wie ‚ich bin noch da, aber anders' oder ‚da ist niemand mehr' nach einem solchen Prozess der Veränderung lediglich Worte sind. ‚Existieren' oder Nicht-Existieren' sind ja auch nur Begriffe, welche das, was ist, nicht wirklich erfassen. ‚Weggegangen' beschreibt aber gut, dass wirklich etwas dahingefallen ist, etwas, das wir für uns selbst gehalten haben.

Verlieren sich die Illusionen, kann die Empfindung einer großen Verlorenheit auftreten – durchaus auch über längere Zeit. Wenn sich in dieser Weise zeigt, dass da nichts ist und nichts getan werden kann, ist jenes Sein, das sich als ‚Ich' erlebt, zunächst in hohem Masse frustriert und schließlich resigniert es. Es entsteht das Gefühl, dass es nichts zu tun gibt, nichts zu erreichen ist, und dass es keine Aufgabe und kein Ziel mehr gibt. Dabei wird auch sichtbar, dass die stete Beschäftigung mit irgendwelchen Dingen im Grunde eine Ablenkung vom ‚horror vacui' ist, der hinter allem lauert und mit dem Identitätsverlust sichtbar wird. Fallen diese Beschäftigungen weg, ist da einfach Leere. Da ist keiner mehr, welcher das Rad am Laufen hält. Das kann auch als Depression erscheinen. Tritt diese im Kontext eines solchen inneren Prozesses auf, ist sie aber nicht klinisch. Sie kann einfach eine Begleiterscheinung davon sein, dass die übernommenen Weltbilder und Identitäten überwunden werden. Die eigenen Vorstellungen von der Welt und von sich selbst als Illusion zu erkennen und sie damit zu verlieren, ist eben kein Gewinn. Resignative Empfindungen können durchaus zu einem solchen Prozess gehören. Man braucht ihnen nicht auszuweichen, und es scheint auch niemand die Wahl zu haben, ob und wie sie eintreten. Schließlich erledigen sie sich aber selbst, nämlich dann, wenn selbst die Resignation resigniert. Darin kann sich alles auflösen, und es ist schließlich niemand mehr da, der resigniert sein könnte. Der Zustand, solcherart ‚weggegangen' zu sein, ist schwer zu beschreiben. Vielleicht könnte man sagen, dass dann einfach ‚Leben' ist – in all seiner Unfassbarkeit.

In manchen buddhistischen Schilderungen wird ein verbliebender ‚Endzustand' als Glückseligkeit beschrieben. Eine solche ist aber nicht persönlich zu verstehen, denn damit würde etwas in Aussicht gestellt, was erlangt werden könnte, eine Art dauerhaftes Glück. Und um so etwas geht es nicht. Wegzugehen heißt zunächst einfach, dass danach niemand mehr ist, der glücklich oder unglücklich sein könnte – ebenso wie nicht mehr von Existenz oder Nicht-Existenz gesprochen werden kann. Es liegt jenseits aller Begrifflichkeit.

Allein und All-ein

Befreiung ist nicht ohne den Preis einer zeitweiligen Einsamkeit zu erreichen. Dabei kann es sich sowohl um Empfindungen von Verlassenheit als auch von einer tiefen Aufgehobenheit handeln, manchmal auch wechselnd. Die sozialen Umstände – ob es Bezüge zu vielen oder wenigen Menschen gibt – sind dabei von untergeordneter Bedeutung, wenngleich im Zuge der Verinnerlichung auch ein gewisser Rückzug aus dem sozialen Umfeld möglich ist. Das Gefühl von Einsamkeit ist ja ein subjektives Empfinden, und es hat auch mit der Qualität von Beziehungen zu tun. Genau diese kann sich in der eigenen Vertiefung aber wesentlich verändern. Es wird zunehmend sichtbar, inwieweit Menschen die Welt rein äußerlich wahrnehmen, die ihnen so als einzige Realität erscheint, oder ob eine weiterreichende Sichtweise dazukommt. Damit kann sich die Art der zwischenmenschlichen Beziehungen verändern – einige Beziehungen mögen an Bedeutung verlieren, und andere wichtiger werden. Insgesamt kann ihre Anzahl auch abnehmen, weil ein Großteil der Menschen in einem rein äußeren Welt- und Selbstverständnis lebt und verbleibt. Die Empfindung von einer gewissen Einsamkeit kann damit auch im Kreise vieler Menschen bestehen, während andererseits durchaus Geborgenheitsgefühle möglich sind, während man allein ist.

Insgesamt gehört die Wahrnehmung von Einsamkeit der Formenwelt an. Nur als ‚Person‘ können wir uns einsam fühlen. Dabei kann auch der Eindruck von Verlassenheit auftauchen, im Sinne etwa, dass da außer einem selbst gar niemand mehr ist – die ganze Umgebung völlig leer von jedem anderen Menschenwesen (selbst wenn einem diese auf der Straße vielfach begegnen). Auch Gefühle von Verlorenheit können dazugehören – es ist wirklich nicht zu unterschätzen, was sich in diesem Prozess zeigen kann. Alles ereignet sich dabei in der äußeren Erscheinungswelt – ‚wir‘ erfahren uns und die Welt in solcher Weise. Voraussetzung für solche Empfindungen ist die Selbstwahrnehmung als getrenntes Wesen. Man erfährt sich darin allein, womit man sich zumindest teilweise noch in einem äußeren Verständnis aller Umstände bewegt. Verdichtet sich die Verinnerlichung und nimmt dabei die Bedeutung von sich als ‚Person‘ weiter ab, verliert sich auch das Gefühl von Einsamkeit. Das eigentliche Sein hängt ja nicht davon ab, in welchen Beziehungsmustern wir uns bewegen. Mit oder ohne viele Menschen um uns her, mit mehr oder weniger tiefer Beziehungsqualität sind wir immer einfach ‚da‘. Immer sind wir einfach, was wir sind – immer einfach Leben. Verstehen wir die Person (mit ‚Persona‘ bezeichnete C.G. Jung die Selbstdarstellung eines Menschen) als eine Art Hülle des eigentlichen Wesens, so sind die zwischenmenschlichen Begegnungen eigentlich Begegnungen von Oberflächen, während ihr Wesen stets dieses eine Leben ist. Darin sind alle miteinander verbunden, ja sie sind eins.

Erinnern wir uns an die vorgängig zitierte Erzählung vom Hirseverkäufer, so kann in diesem Zusammenhang der Schluss davon angeführt werden. Der Hirseverkäufer sagte ja, dass er (innerlich) wegging als seine Zeit ganz ausgefüllt war. ‚Und jetzt lebe ich allein im Schoss meiner Familie und im Lärm des Marktes. Ich bezweifle, ob ich je zurückkommen werde.‘ Der Meister staunte darüber und sagte: ‚Ich glaube, es gibt in ganz China niemand Ihresgleichen.‘ Gutmütig wandte der Mann ein: ‚In ganz China gibt es niemanden außer mir‘. – Der Hirseverkäufer lebte nun also ‚allein‘ im Schosse seiner Familie und im Lärm des Marktes, nachdem er ‚weggegangen‘ war. Sein Alleinsein ist hier wohl so zu verstehen, dass er trotz aller äußeren Kontakte zugleich völlig für sich war, und zwar in einer unermesslich weiten Welt. Er lebte in Einheit mit allem Sein oder genauer gesagt: da war nur mehr diese Einheit, was er mit den Worten ausdrückte, dass es niemanden außer ihm in China gebe. Er und ‚China‘ – also er und die Welt – waren identisch geworden. Damit ging es nicht mehr um ihn als Person – er war aus diesem Selbstverständnis ja ‚weggegangen‘ –, sondern es zeigte sich einfach dieses eine, ungetrennte Sein. Und darin gibt es auch keine Einsamkeit, da ist einfach alles ‚Allein‘. Der indische Weise Jiddu Krishnamurti (1895-1986) sagte einmal sinngemäß, dass man durch die Einsamkeit hindurchgehen müsse, bis man ‚auf der anderen Seite wieder herauskommt‘. So kann es durchaus eine Phase der erlebten Einsamkeit geben

– nämlich solange, als da noch ein Selbstverständnis als ‚jemand‘ besteht. Ganz weggegangen gibt es die Einsamkeit nicht mehr. Da ist niemand mehr, der einsam sein könnte. Dies kommt auch zum Schluss des Herzsutra deutlich zum Ausdruck in den Worten ‚Gate, gate, paragate, parasamgate, Bodhi svaha‘ – gegangen, gegangen, hindurchgegangen, ganz hindurchgegangen – Erwachen!

Einsamkeit bedeutet in einem tieferen Sinne also auch, noch in der Formenwelt gefangen zu sein. Die Sehnsüchte der Menschen haben möglicherweise allesamt damit zu tun. Weil nicht erkannt wird, dass die Seinsebene, die vor unserer Geburt war und ‚nach dem Tode ist‘ – die also zeitlos besteht – unserem eigentlichen Wesen entspricht, wird das Fehlende in die Formenwelt projiziert, die dann als getrennte Welt wahrgenommen wird. Dort findet dann auch die Suche nach Erlösung oder Befreiung statt, aber die ‚Person‘ wird die Befreiung nie erfahren, weil sie dafür ja ‚weggehen‘ muss. Zugleich ist zu bedenken, dass das Gesuchte immer schon da ist und unser Wesen eigentlich ausmacht. Entsprechend könnte man sagen, dass es nie etwas anderes gab als dieses ‚All-ein‘-Sein. Allein zu sein, erscheint damit erfahrungsmäßig als eine Art Vorstufe zur Wahrnehmung des All-ein-Seins, wobei ‚Vorstufe‘ wiederum irreführend ist, als dieses Eine Sein ja immer schon besteht. Nur in der Erfahrung als einem zeitlichen Geschehen gibt es Einsamkeit, nicht für das Wesen, das wir sind. Der ‚Weggegangene' ist weder einsam noch allein, er ist einfach. Oder anders gesagt: Das ‚All-Eine' ist ungetrennt einfach sich selbst.

Entsteht Trennung innerhalb des All-Einen, erscheinen die Personen und damit auch Objekte als einzelne voneinander unterschiedene Gegebenheiten. So wird es vom Ich wahrgenommen. Aber auch die Erscheinung eines getrennten Ich ist das All-Eine – es erfährt sich einfach als getrennt. Stets ist da alles, und das Problem ist nur, dass dies vom getrennten Ich nicht erfasst werden kann. Daher ist es allein und kann sich einsam fühlen, wenngleich da nur das All-Eine ist. Man kann sagen, dass das, was Alles ist, sich auch als getrennt erfahren kann, denn sonst wäre es ja nicht alles. Es ist also das All-Eine, das sich als einsam erfährt, bis sich das Alleinsein darin wieder aufgelöst hat und sich als das All-Eine erkennt.

Niemand da

Wenn der Hirseverkäufer weggegangen ist, ist niemand mehr da. Wenn wir selbst ‚weggehen‘, erfahren wir uns nicht mehr als wirklich anwesend. Zwar ist der Körper da wie eh und je – er bewegt sich und führt Handlungen aus – und doch wird er zugleich als ‚leer‘ erfahren. Er ist leer von Individualität – nicht seiner äußeren Erscheinung nach, sondern leer von individuellem Gehalt. Es ist, als ob das Individuelle, die Unterscheidung von anderen Menschen, zugunsten eines weiten einheitlichen Seins verschwunden oder zumindest in den Hintergrund getreten wäre. Dies entspricht dem ‚Nicht-Wissen‘ über sich selbst, und einer gewissen ‚Ahnungslosigkeit‘, was alles zu bedeuten hat, und was hier eigentlich ist. Man selbst kann nicht mehr in ein Referenzmodell eingeordnet werden, und damit fällt die Beschreibbarkeit dahin. Es ist schwer zu schildern, wie es ist, wenn da niemand mehr ist, und sich dieser Körper trotzdem hier befindet und sich bewegt. Irgendwie scheint es, als wäre er nicht mehr gefüllt, als wäre das, was früher das eigene Wesen ausmachte, nicht mehr vorhanden. Die innerlich gefühlte Identität fällt gewissermaßen weg, obwohl die äußere Erscheinung durchaus individuell wirkt.

Üblicherweise gehen wir davon aus, dass da in diesem Körper etwas drin ist, ein ‚Ich‘, auch wenn es niemand sehen kann. ‚Ich bin doch hier‘, ist die entsprechende Wahrnehmung, und genau diese

Empfindung fällt weg. Da sitzt niemand in diesem Körper, und dennoch kann er nicht nur von anderen, sondern irgendwie auch von sich selbst wahrgenommen werden. Aber eben nicht mehr in der üblichen Weise, wo entsprechend der eigenen Erfahrung davon ausgegangen wird, ‚hier‘ zu sein. Diese ureigenste Wahrnehmung einer Identität wird nicht mehr ausgefüllt. Dennoch ist nicht einfach alles gänzlich abwesend. Die Erscheinungen einschließlich seiner selbst sind einfach leer von Bedeutung, leer von Inhalt, ohne eine getrennte Struktur.

Die zeitweilig auftretenden Gefühle von Einsamkeit und Orientierungslosigkeit haben Bestand, solange jemand sie ‚hat‘. Beides gehört zusammen und erscheint als Phase eines Prozesses. Der Einsame ist orientierungslos, weil er sich an nichts mehr messen kann, und der Orientierungslose ist einsam, weil in einer Welt ohne Orientierung niemand anders ausgemacht werden kann. Ohne Anhaltspunkte gibt es auch keine Bezüge. In der Wahrnehmung solcher Umstände kann es nun zu einem ‚Kipp-Punkt‘ kommen, wenn Einsamkeit und Orientierungslosigkeit so überhandnehmen, dass das individuelle Sein keinen Bestand mehr habt. Die Blase des ‚Ich‘, das all dies erlebt, platzt gewissermaßen. Es kommt aber auch vor, dass die ‚Ich-Struktur‘ langsam verschwindet und sich stillschweigend auflöst. Gleichzeitig öffnet sich damit eine unendliche Weite, die auch als Leere beschrieben wird – wohl einfach mangels anderer passenderer Worte.

Wie schon angesprochen bemühen sich manche Menschen um diese Art von Freiheit (von sich selbst), aber zugleich zeigen sie keinen Willen, ihre Vorstellungen von sich selbst und der Welt und damit ihre Identität, wirklich aufzugeben. Dadurch entsteht eine Pattsituation, wo ‚nichts mehr geht'. Man sucht und verhindert gleichzeitig seine eigene Öffnung. Hinter der eigenen Identität liegt ja nicht nur das, was als Leere beschrieben wird, sondern auch das Numinose, ein vollkommen unbeschreibliches, faszinierendes und zugleich gänzlich unfassbares Sein. Dieses zieht an und stößt zugleich ab. Man sucht und fürchtet es gleichzeitig. C.G. Jung sagte einmal, dass man den Zugang dazu – einmal gewonnen – sofort wieder verschließen müsse, weil man sonst weggeschwemmt würde. Faszination und Furcht davor gehören hier zusammen, und es mag erklären, warum bei vielen der entscheidende Schritt doch nicht geschieht. Es ist aber nicht ein Schritt der Selbstaufgabe, der getan werden könnte, sondern vielmehr ein Dahinfallen oder Dahinschmelzen dessen, wofür wir uns so lange gehalten haben. Und gleichzeitig wird ersichtlich, dass es gar nie anders war. Dass wir gar nie die Person waren, für die wir uns stets gehalten haben. Da war immer schon ‚niemand', doch war dies nicht zu sehen. Und für das ‚Ich' ist es völlig unmöglich, dies zu erkennen, denn es entspräche seiner eigenen Auflösung.

Und doch ist das, was als eigene Identität und damit als etwas Getrenntes erfahren wurde, nur eine Illusion.

Das Besondere in diesem scheinbaren Geschehen ist, dass dabei gar nichts Wirkliches passiert. Eine Illusion, die wegfällt, ist kein Verlust, doch es kann sich zeigen, was dahinter liegt – wie die Welt ohne unsere Vorstellungen ist, ohne die Illusion, davon getrennt zu sein. Darin erscheint einfach alles, wie es ist, und das ist alles. Die Welt ist nicht mehr ,für mich' da, sondern sie ist einfach, was sie ist. Wenn niemand mehr da ist, dann verschwindet die schon erwähnte perspektivische Sicht. Es ist ein Dasein, ohne zu wissen, was und wie alles ist, und ohne das Bedürfnis, darüber eine Meinung zu haben. Dies könnte leicht als ,Charakterlosigkeit' abqualifiziert werden, doch würde eine solche Betrachtungsweise implizieren, dass da ,jemand' ist, der charakterlos wäre. Da ist aber niemand, und was getan wird, passiert einfach so – ohne Meinung darüber, ob es charaktervoll sei oder nicht.

In gleicher Weise ist auch die Frage nach dem freien Willen zu beantworten. Der freie Wille setzt ja jemanden voraus, der ihn ,hat', und so wird dies vom Ich auch erlebt: ,Ich habe doch meinen freien Willen, ich kann doch tun und lassen, was ich will'. Dafür wird aber die Existenz eines unabhängigen Ichs vorausgesetzt, also wiederum die Vorstellung, dass da in diesem Körper jemand sitzt, der so denkt und handelt. Ohne diesen ,jemand' sind aber die ganzen Diskussionen über das Verhalten von sich selbst und von anderen hinfällig. Das sind alles nur Erklärungsmodelle, welche das Verhalten von sich und anderen charakterisieren sollen, ohne dies wirklich zu vermögen. Die selbst erstellten Voraussetzungen dafür werden darin einfach bestätigt – es sind Zirkelschlüsse.

Wäre die Freiheit des Handelns so groß, wie gerne vermutet und behauptet wird, dann wäre die Welt vielleicht ‚besser‘ (was immer man darunter verstehen möge), als sie es ist. Alle wollen ja nur das Beste (sagen sie), aber halt alle auf ihre je eigene Weise. Das gibt Friktionen, und so wäre die Welt auch ‚schlechter‘ oder es gäbe die Menschheit vielleicht (zufolge des totalen Chaos) auch überhaupt nicht mehr. Doch solche Argumentationen – wie immer sie genau ausfallen – basieren auf der Vorstellung, dass es ‚mich‘ und ‚die anderen‘ als getrennte Wesen gibt. Als wäre jeder im luftleeren Raum und könnte da handeln, wie er will. Das ist aber offensichtlich nicht der Fall. Wie schon erwähnt hängt alles von allem anderen ab, und nichts passiert eigenständig. Fällt die Vorstellung von sich als einem getrennten Wesen dahin, dann zeigt sich einfach, dass da gar nichts Eigenständiges existiert, und dass man selbst auch kein eigenständiges Wesen ist. Die Erfahrung davon ist allerdings anders, als es eine intellektuelle Beschreibung zu fassen vermöchte: da ist einfach ein reines, absolut umfassendes Sein, und darin ist niemand wirklich, auch wenn es so aussieht, als würden sich darin unabhängige Menschen bewegen.

Da ist einfach eine unendliche Weite mit allen vergänglichen Ereignissen darin, wie sie gerade geschehen. Wie erwähnt sagt Buddha dazu gemäß dem Akashagarbha-Sutra: ‚Kein entstandenes Phänomen verweilt für einen einzigen Augenblick, sondern entsteht und vergeht jeden Moment neu. Die Erscheinungen wie die Erde, das Wasser, das Feuer und der Wind, unser Körper, unsere Gedanken, unser Bewusstsein ändern sich stets. Das Leben ist vergänglich wie der Tau auf der Spitze eines Grashalms.‘ – Es ist einfach dies, was sich gerade zeigt. Und diese Welt ist vollständig, gerade so wie sie ist. Es braucht auch niemanden dazu, damit sie ist, wie sie ist. Wir sind sie selbst – gerade weil da ‚niemand ist‘. Der bedeutende alte Zen-Meister Rinzai sagt dazu: ‚Nach meiner Einsicht gibt es weder Buddha noch Lebewesen, weder Vergangenheit noch Gegenwart; diejenigen, die es erlangen, erlangen es ohne Zeitverstreichen, ohne Übung, ohne Beweise, ohne Gewinn und ohne Verlust. Für solche Menschen gibt es keinen anderen Dharma und keine andere Wirklichkeit. Das ist alles, was ich lehre.‘

Un-Wirklichkeit

Von welcher Wirklichkeit spricht denn der eben zitierte alte Zen-Meister Rinzai? Was er als Wirklichkeit bezeichnet ist ohne getrennte Lebewesen, Buddha und Zeit, und auch ohne Übung, die dazu führen könnte. Das konventionelle Bewusstsein hält demgegenüber alle Erscheinungen für wirklich, für ‚real‘. Dem steht nun Rinzais Wirklichkeit gegenüber. Er ist in eine Welt eingetreten, in welcher die Erscheinungen nicht den normalen Wirklichkeitswert haben. Dennoch ist die Erscheinungswelt damit nicht verschwunden. Hazrat Inayat Khan, ein Sufi-Mystiker, der von 1882-1927 lebte, sagt zu diesen beiden Formen der ‚Wirklichkeit‘: ‚Das ist der Zustand des gewöhnlichen Menschen: Er lebt in einer Art Traumzustand. Der Mystiker ist ein Mensch, der erwacht ist. Das Amüsante daran ist, dass der gewöhnliche Mensch den Mystiker einen Träumer nennen wird, obwohl in Wirklichkeit er selbst der Träumende ist‘. Für den einen ist die ungetrennte Einheitswirklichkeit ein Traum, und für den anderen ist die Erscheinungswelt in gewisser Weise traumhaft – nicht das Eigentliche. Im Zen-Buddhismus findet sich eine analoge Aussage in den Goi-Koan von Tosan Ryokai, worin er das ‚Aufrechte‘ und die ‚Neige‘ unterscheidet, wobei er mit dem Aufrechten die eigentliche Natur allen Seins meint, und mit der Neige die Erscheinungswelt in all ihren Unterscheidungen. Und zugleich sagt er, dass beides eins ist. Das wiederum deckt sich mit dem Herz-Sutra, worin die Identität von Form und Leere proklamiert wird. Jede Erscheinung ist zugleich leer und damit Ausdruck des Eigentlichen, und das Eigentliche kann sich nur in Form von Erscheinungen zeigen. Die Welt ist damit gewissermaßen wirklich und unwirklich zugleich. Wobei der ‚Realist‘ die Erscheinung als wirklich bezeichnet, wohingegen der Mystiker den unfassbaren Aspekt, der mangels Alternativen oft als Leere bezeichnet wird, in erster Linie als ‚real‘ erlebt.

Nimmt die Wahrnehmung dieses unfassbaren Seins zu und die Welt von getrennten Erscheinungen entsprechend ab, verschiebt sich die vom Menschen wahrgenommene ‚Wirklichkeit‘. Im Sinne des konventionellen Bewusstseins könnte gesagt werden, dass die bisherige ‚Unwirklichkeit‘ immer mehr zunimmt und als neue Wirklichkeit erscheint. Darin werden die einzelnen Erscheinungen in ihrem getrennten Aspekt zunehmend unwichtig und verlieren ihre frühere Bedeutung. Es ist, als wäre man in einer anderen Welt, die dennoch die gleiche ist. Die Erscheinungen sind wie immer, und doch zeigen sie sich irgendwie anders. Im Umgang mit Situationen (was ja noch ein Ich voraussetzt) kann eine Orientierungslosigkeit und Unsicherheit entstehen, weil es keinen Referenzpunkt mehr gibt, an welchem gemessen werden kann, ob etwas sinnvoll und gewünscht ist oder nicht. Für diese Fragen gibt es möglicherweise aber auch kein Gefühl mehr (die fünf Skandhas sind leer). Damit kann auch die Empfindung eines großen ‚Nichtwissens' verbunden sein, wo es keine Ahnung mehr davon gibt, wie etwas ist und was zu tun wäre. Zugleich besteht eine große Freiheit darin, dass alles einfach sein kann, was es ist. Das ist im Grunde aber nicht die Freiheit von ‚jemanden'. Nichtwissen ist einfach Freiheit – jenseits der Person, denn nur Personen können wissen.

Es gibt manche Menschen, die in dieser neuen Wirklichkeit leben, und für die das konventionelle Bewusstsein einen unwirklichen Charakter hat – die einen bewusster und die anderen weniger bewusst. Manche streben diese Leere oder Unwirklichkeit an, ohne schon wissen zu können, was es ist. Wie schon angesprochen liegt hinter einer möglichen Suche eine unerklärliche Sehnsucht nach etwas Undefinierbarem. Vielleicht ist es sogar die Sehnsucht danach, nicht zu sein. Auch die Hinwendung zur Meditation als Methode kann dadurch bedingt sein. Während einem Prozess der Veränderung der Sichtweise gibt es bei vielen schon ein zeitweiliges ‚Nichtwissen', weil das Alte nicht mehr gilt. Ist die neue Sicht aber noch nicht etabliert, besteht ein ‚Leiden zwischen den Welten'. Die einen stehen dabei noch mehr auf der Seite der konventionellen Auffassungen, während andere bereits eine neue Wirklichkeit wahrnehmen. Im Zuge der Auflösung früherer Betrachtungsweisen mag es dabei auch eine Phase des ‚hin und her' geben.

Die Lehren des Buddha und ebenso die Ausdrucksweisen des Zen, das von vielem abstrahiert und auf das Wesen allen Seins zielt, entsprechen in ihrer Ausdrucksweise noch dem konventionellen Bereich und deuten nur darauf hin, worum es eigentlich geht. Haben die Formen des Buddhismus und auch des Zen ihren Reiz verloren, dann können sie nicht mehr leicht weiterverfolgt werden. Dann steht man an der Schwelle und geht möglicherweise darüber hinaus, wo die gedachte Form von Wirklichkeit vergeht. Dahinter ist das Niemandsland, aber nur wenige halten es aus, ‚nicht zu sein'. Da aber ist Rinzais Wirklichkeit, und so gesehen ist das eigentliche Zen erst dort, wo sich die Bindung an die Formen aufgelöst hat, und damit auch jene an die Formen des Zen. Wahres Zen ist ohne Formen, und in dieser neuen Wirklichkeit gibt es letztlich auch gar kein Zen.

Rückblick und Exkurs II

Erlebnisweisen

Wir erinnern uns: Jedes Erleben setzt eine Ich-Struktur voraus. Was erlebt wird, ,erlebe ich'. Das, was allgemein als Ich bezeichnet wird, besteht nur aus Gedanken, die um die eigene Person kreisen. Sie sind das Zentrum allen Erlebens. Aus diesem Zentrum heraus wird die Welt betrachtet, und alles Geschehen in der Welt wird auf dieses Zentrum bezogen – auf ,mich'. Es geschieht ,mir'. Aus dem Zentrum fächert sich die Sicht in die Welt hinaus und die Weltsicht ist damit perspektivisch. Wir nehmen die Welt aus der persönlichen Perspektive wahr und gehen davon aus, dass sie so sei. Das ist sowohl grundsätzlich wie auch im Einzelfall in Frage zu stellen. Die Weltsichten sind unterschiedlich, und es wird sehr problematisch, wenn die eigene Perspektive als einzig gültige verstanden wird. Das kann dazu führen, anderen die eigene Sicht aufzuzwingen, was immer zulasten des Friedens und der Vielfalt geht.

Nebst den individuellen gibt es auch kollektive Perspektiven. Das Besondere daran ist, dass sie im Allgemeinen gar nicht als prägende Weltsicht verstanden werden. Die gegenseitige Bestätigung einer gewissen Weltsicht macht diese zu etwas Normalem, sodass gar nicht mehr erkannt wird, dass es auch anders sein könnte. Das kann für Gruppen ebenso wie für Volksgemeinschaften gelten. Sind sich etwa größere Bevölkerungsteile über gewisse Sichtweisen weitgehend einig und existieren keine Gegenbilder dazu, dann bleiben die eigenen Auffassungen unbewusst. Man weiß dann gar nicht, in welcher Weise man kollektiv geprägt ist. Nebst der individuellen Perspektive existiert also auch eine kollektive Perspektive, welche tief prägend und oft unbekannt ist. Diese kollektiven Auffassungen werden von den Elternhäusern und den Schulen von einer Generation in die nächste weitergegeben, ohne dass sie bewusst werden müssen. Nun ist es für die Orientierung in der Welt durchaus notwendig, dass innerhalb einer Gesellschaft gewisse Übereinstimmungen in der Weltsicht bestehen, und es ist daher auch angezeigt, dass diese kollektiven Interpretationen der Welt weitergegeben werden. Das Schwierige daran ist nur der Umstand, dass diese Weltsicht oft als Wirklichkeit verstanden wird, obwohl es sich nur um eine Sichtweise handelt. Zeigt sich durch das Vorhandensein einer anderen kollektiven kulturellen Perspektive ein Korrektiv, kann dieses abgelehnt werden, was wiederum zu Konflikten führt. Dort wo jeweils die Grenze von verschiedenen Interpretationen der Welt liegen, kommt es oft zu Auseinandersetzungen. Das ist zwischen Völkern, aber auch in Beziehungen und Familien so.

Was vom einzelnen erlebt wird, ist an die Subjektivität der eigenen Wahrnehmung gebunden, die sowohl kollektiv wie persönlich geprägt ist. Die Welt erscheint uns wie das Bild in einem Spiegel. In der Auswahl und in der Wertung der Verhältnisse und Ereignisse zeigt sich unsere eigene Projektion. Was die Welt ohne diese Projektionen ist, lässt sich allerdings nicht sagen, und wenn wir von Erscheinungen ohne Bewertungen sprechen, wissen wir letztlich nicht, was diese ‚eigentlich' sind. Es gibt ja nichts anderes, als was uns erscheint, und das ist dann eben ‚unsere Welt'.

Wenn es auch nicht gelingt, hinter die Fassade unserer individuellen Wahrnehmungen und Zuordnungen zu sehen, lässt sich immerhin sagen, dass alle Wahrnehmungen, die sich auf ein ‚Ich' beziehen, nicht jene Weite aufweisen, wie sie als unpersönliches Sein hier schon beschrieben worden ist. Die Wahrnehmungen, Erlebnisse und Empfindungen, die sich zeigen, sind in jedem Falle subjektiv. Auch was einen vermeintlichen Weg betrifft, verhält es sich damit nicht anders. Die Aufreihung von Erlebnissen, Interpretationen und Zuordnungen erfolgt stets auf die eigene Person bezogen und wird wiederum von daher interpretiert. So gesehen, können entsprechende Erfahrungen und Interpretationen nicht auf andere übertragen werden, jedoch gewisse Ähnlichkeiten aufweisen. Wenn von den verschiedenen Arten berichtet wird, wie Prozesse von innerer Öffnung in eine weitere Sicht erlebt wurden, sind diese Beschreibungen nicht nur subjektiv, sondern zugleich auch nicht die Basis, auf welcher ein ‚shift' auf eine andere Ebene erfolgt. Die Beschreibung solcher Erfahrungen bedeutet nicht, dass das Wahrgenommene die Folge von vorangegangenen Bemühungen war. Wie schon gesagt, führt die eine (individuelle) Ebene nicht auf die andere (zum reinen Sein), wobei ein solches Modell von Ebenen natürlich auch nur eine Vorstellung ist.

So etwas wie eine ‚Wirklichkeit' kann es angesichts der Tatsache, dass ausschließlich subjektive Wahrnehmungen vorkommen, gar nicht geben. Niemand weiß, wie die Welt ‚wirklich' ist. Beschränken wir uns darauf, was im buddhistischen Kulturraum als wirklich (oder im Zen als absolut) bezeichnet wird, so ist damit die völlige Unfassbarkeit allen Seins und aller Erscheinungen gemeint. Und was die verschiedenen Wege und Erfahrungsmöglichkeiten betrifft, haben sie nicht mit einer ‚letzten Wirklichkeit' zu tun — es sind einfach Schilderungen. Und auch diese Schilderungen und Interpretationen sind natürlich nicht ‚wirklich', so wie die Welt überhaupt nicht charakterisiert werden kann. Gemäß buddhistischer Auffassung ist sie seiend, nicht seiend, sowohl seiend als auch nicht seiend und weder seiend noch nicht seiend. Auch die Erscheinungen und unsere Erlebnisweisen sind nicht anders. Alle Erlebnisweisen sind unter dem Vorbehalt zu verstehen, dass ‚Wege' nur die individuell interpretierte Abfolge von Ereignissen sind. Tatsächlich gibt es nicht wirklich einen Weg, niemand ist je einen solchen gegangen.

Es geht nicht um etwas

Wie beschrieben wird eine vermeintliche Realität hergestellt, indem wir uns mit etwas beschäftigen und diese Dinge charakterisieren. So wird die Vorstellung einer realen Welt geschaffen und aufrecht erhalten. Die Erscheinungen sind zwar da, doch haben sie keine Eigennatur. Gedanken und Handlungen lassen erst das entstehen, was uns als Realität oder Wirklichkeit begegnet. Ohne diese Beigabe sind da zwar die Erscheinungen, aber so ganz wirklich sind sie nicht. Das kann sich auch im Umgang mit Menschen zeigen. Weil die meisten einen konstruierten Überbau von Gedanken, Handlungen und Identifikationen haben, erscheinen sie als ,Personen'. So mag es sich auch mit uns verhalten.

Sobald wir aber nichts tun und nichts denken, gibt es uns als Person nicht mehr. Das Ich besteht nur aus unseren Gedanken, die um einen als Person kreisen. Kein Ich zu haben, ist das große Abenteuer – allerdings für niemanden. Da ist eben nicht jemand, der ein Abenteuer erlebt – da ist einfach ein Ich-loser Zustand. Der ,Zustand' des Nicht-Ich (was nicht wirklich ein Zustand ist, weil dieser sich ja gegen etwas anderes abgrenzen müsste) ist einfach große offene Weite. Nicht einmal den Begriff Freiheit braucht es dazu. Auch der impliziert ja etwas und macht nur im Vergleich zur Ich-orientierten Gefangenheit Sinn. In sich selbst ist das, was ist, ohne solche Beschreibungen, und auch das Wort Weite braucht es dazu nicht.

Was gesucht und ersehnt wird, und worum es dabei letztlich geht, das kann nicht beschrieben werden. Es geht ja nicht um Erkenntnis oder darum, etwas zu lernen, so wie es üblicherweise um Inhalte, Vorstellungen, Wünsche und Ziele geht. Wenn die Einheit allen Seins spürbar wird, fallen der Beobachter, das Beobachtete und Beobachtung in eines zusammen, und es entsteht ein qualitätsloser Zustand. Einheit ist ganz, unpersönlich, bedingungslos, nicht verursacht, absichtslos, und es braucht dazu nichts, weil sie alles ist. Es gibt auch niemanden, der Einheit erfährt, denn dies würde Trennung voraussetzen. ‚Ich erfahre Einheit‘, wie dies gelegentlich berichtet wird, ist keine Einheit. Einheit zeigt sich mit der Auflösung des Ich, und es zeigt sich nicht jemandem, sondern es ist vielmehr ein umfassendes Sein ‚ohne mich‘. Dies kann sich das Ich nicht vorstellen, und so ist es auch nicht zu bewerkstelligen. Es ist vielmehr der Verlust der gewohnten Realität, die sich aus unseren eigenen gedanklichen Bemühungen herstellt. Weil alles Individuelle, Dualistische dem entgegensteht, kann das Individuum aber nicht dazu gelangen. Es müsste sich ja in seinem Kern auflösen, und das will es nicht. Für das Ich ist Einheit eine Art Tod. Es ist der Kollaps des Glaubens, jemand zu sein.

Es geht also nicht um ‚etwas‘. Etwas hat eine Form, ist irgendwie abgegrenzt, sonst kann es nicht gesehen und bezeichnet werden. Und genau darum geht es in letzter Konsequenz nicht. Ohne alle un-

sere Vorstellungen geht es auch nicht um ein Gegenteil von ‚etwas‘, denn das wäre auch etwas. So
gesehen ist der Gedanke, ‚es gibt kein Ich‘, selbst
wiederum nur eine Idee des Ich. Und ebenso verhält
es sich mit dem Selbst, ja gar dem Leben als Vorstellung. Was Leben wirklich ist, wissen wir nicht.
Wir sind es einfach. Wenn wir aber Konzepte bilden, entwickeln wir Vorstellungen davon, und diese
sind nie die Sache selbst. Was ‚nicht etwas‘ ist, ist
jenseits von Denken, Zeit und allem Messbarem
und Beschreibbarem. Es ist absolut unergründlich,
und dazu braucht es auch niemanden, der das versteht. Alles ist vollkommen, so wie es ist, aber ohne
‚jemanden‘, der daraus etwas zu machen versucht.

Exkurs: Plötzliche Öffnung

Es war im ersten Exkurs die Rede davon, dass die spirituelle Öffnung als langsamer Prozess erscheinen kann, wo sich die Fixierung auf ein Ich als lebenskonstituierende Vorstellung langsam auflöst. Eine solche Öffnung kann sich aber auch ganz unversehens einstellen. Einigen Menschen geschieht es, dass sie sich plötzlich in einer anderen Weltsicht wiederfinden, ohne dass sie diese gesucht hätten. Sie haben die Identifikation mit einem ,Ich' von einem Moment auf den anderen verloren, und es fällt ihnen natürlich schwer, damit zurande zu kommen. Allerdings ist hier gleich anzumerken, dass gar niemand mehr da ist, der sich aktiv darum verwenden könnte. Da ist einfach kein Ich mehr, und es geschieht, was geschieht. Es kann eine neue Klarheit bestehen, und vielleicht gleichzeitig auch eine gewisse Verwirrung, die aber nicht die Verwirrung von ,jemandem' ist, denn dieses Zentrum hat sich ja aufgelöst. Dabei können sich erhebliche Schwierigkeiten im Alltag ergeben, beispielsweise am Arbeitsort oder in der Familie, weil die Identifikation und damit die Ausrichtung auf etwas fehlt, während die anderen Menschen weiterhin in ihren Modellen und Selbstbildern leben. Die Ziele sind verschwunden, denn es gibt nichts anzustreben, wenn das Leben zu jedem Zeitpunkt (,zeitfrei') als vollständig erscheint. Wenn sich das eigene Identitätsgefühl verliert, erscheint man für andere aber doch einfach als Mensch, der handelt (resp. zu handeln scheint). Handeln geschieht dabei wie alles andere auch, aber ohne Absicht. Darin kann ein Zustand von großer Weite bestehen und auch von Zufriedenheit oder Dankbarkeit. Zugleich mag es aber auch ein Spannungsfeld zur Umwelt geben. Ebenso können Gefühle erscheinen, doch auch diese gehören einfach zu all dem, was geschieht, und niemand muss damit umgehen. So kann dies eher für die Umgebung ein Problem sein, als für die Betroffenen selbst.

Der Spannungsbogen zur Umwelt kann sich auch darin zeigen, dass die Motivation dahingefallen ist, gewisse Aufgaben zu erfüllen. Und auch innerlich können sich Schwierigkeiten ergeben, weil das frühere Identitätsgefühl weggefallen ist. Wenn so einiges nicht mehr wie früher zusammenstimmt, gibt es zugleich doch nichts zu unternehmen. Die Situation kann auch gar nicht verändert werden, weil es keine Identifikation mehr mit sich als Person gibt, welch dies tun könnte. Das früher Vordergründige ist nun in den Hintergrund gerückt, und das Hintergründige (das reine Sein) in den Vordergrund. Dies kann auch Stille genannt werden, oder Leere, Unfassbarkeit, Gott, Bewusstsein, Friede, Liebe, Dichte, Präsenz oder wie auch immer. Letztlich entzieht sich dieses ‚reine Sein‘ jeder Beschreibung, und es kann auch nicht von einem Zustand gesprochen werden, denn das wäre schon wieder etwas irgendwie Fassbares. Die äußere Welt erscheint in gewisser Weise als unwirklich, und das

‚Wirkliche' ist unfassbar, unbeschreiblich – selbst das Wort Wirklichkeit trifft es nicht.

Gibt es in allem doch noch eine gewisse Suche nach Orientierung, so entspricht dies den Resten der früheren Ausrichtung auf ein Ich. Je intensiver der plötzliche Wandel ist, desto weniger muss allerdings anschließend noch gesucht oder verstanden werden. Wenn einfach alles so ist und als das erscheint, was es ist – von niemandem gemacht und ohne Ausrichtung auf etwas – dann gibt es auch gar nichts zu verstehen. Wo es noch ‚Ich'-Überreste gibt, kann sich die Situation darstellen wie in der Schlussphase einer langsamen Öffnung. Dann gibt es noch die Anpassungsbemühungen an die neue Wirklichkeit, und eventuell noch das Bestreben, die eigene Situation anderen verständlich machen zu wollen und dafür zu sorgen, dass der Alltag und die persönlichen Beziehungen funktionieren. Es mag zwar kein Leidensdruck mehr bestehen, weil der ‚Seitenwechsel' schon stattgefunden hat und es kein Ringen darum gibt, aber es kann sich doch anfühlen wie das gleichzeitige Dasein in zwei Welten: im Innen und Außen, in vermeintlicher Realität und ebenso in Freiheit, im scheinbaren Verstehen und einer Welt ohne Gedanken.

Was dem Menschen auf der Suche und auf einem ‚Weg' als Anstrengung erscheinen mag, gibt es nach der ‚Öffnung' nicht mehr in dieser Form, und selbst von Hingabe zu sprechen wäre zu viel. Hingabe und Dasein sind eins, ebenso wie der Beobachter und das Beobachtete eins sind, wie es Krishnamurti beschrieben hat. Da ist ein reines Sein ohne Person. Ist man ‚ganz hindurchgegangen‘, wie es im Herz-Sutra heißt, besteht Friede, unabhängig von den Umständen und den Ereignissen, die sich hintergründig in der Außenwelt abspielen.

Bezüglich einer solchen Öffnung ist im Zen-Buddhismus die Rede von Kensho oder Satori, der plötzlichen Wahrnehmung des einen Seins. Üblicherweise kehrt das ‚Ich‘ nach einem Moment des aufgelösten Seins und der Ichlosigkeit wieder zurück. Besteht das Ich in dieser Weise weiterhin, wird gerne gesagt, dass diese Erfahrung nun in den Alltag integriert werden müsse. Eine solche Vorstellung kann es aber nur geben, wenn die Öffnung keinen Bestand hatte. Nichts, was sich wirklich verändert hat, muss in etwas anderes integriert werden – ja es gibt überhaupt kein Anderes, worin etwas eingefügt werden könnte. Kensho, als Schau des Wesens allen Seins (Wesensschau) verstanden, ist selbst dieses Wesen, dieses Allumfassende. Es braucht damit nicht noch etwas zu geschehen, denn vom umfassenden Sein ist nichts getrennt – auch wir selbst nicht, unabhängig vom Bewusstseinszustand und den Erfahrungen. Alles was scheinbar gewonnen werden kann, ist schon da, und insofern ist das, was als Öffnung beschrieben wird, nicht anderes als die entsprechende Einsicht. Alles ist sich selbst, und nur wir als vermeintliche Person stehen der klaren Sicht im Wege.

III

Was bleibt

Jenseits der Person

Wie besprochen ist die Person, die wir darstellen, die Summe all unserer Prägungen, Erfahrungen, Gedanken, Meinungen, Vorstellungen, Ziele – all das, was uns ausmacht, und worum wir uns bemüht haben. Sie ist unsere Identität, mit welcher wir uns gegen andere abheben. Sie ist die Voraussetzung für Individualität und für Trennung. Indem wir individuell werden, sind wir nicht mehr im Ganzen verankert – sind wir nicht mehr das Ganze.

Auch war bereits davon die Rede, dass der Einbruch in die Ganzheit, in die Einheit allen Seins zulasten genau dieser Individualität geht, zulasten der Person, als die wir uns verstehen. All die Eigenschaften, die wir haben, sind nur auf einer individuellen Ebene denkbar, und mit der Wahrnehmung des allumfassenden Seins, das wir selber sind, endet die Person. Es ist der Tod der Person, das Ende einer sich abgrenzenden Individualität. Und was bleibt dann? In gewisser Weise nichts. Nichts, was benannt werden kann, aber auch nichts, was sterben kann. Im Herz-Sutra heißt es, dass nach der Auflösung jeder Bindung an die Erscheinungswelt, nach der Aufhebung aller Form, dass da weder Altern noch Tod ist, aber auch kein Ende des Alterns und Sterbens. Dort wo die übliche Wahrnehmung wegfällt, sind die üblichen Kategorien nicht mehr anwendbar – ja nicht mehr existent.

Im Zen ist die Rede von einem Sein ‚jenseits von Leben und Tod‘, einer Empfindung, welche all diese Kriterien übersteigt. Da wird klar, dass Leben und Tod nicht wirklich existieren – dass auch dies nur Vorstellungen sind, die sich ein Ich machen kann. Das ist auch natürlich, denn das Ich wird sterben, und dieses Ich fürchtet diesen Tod. Letzterer muss aber nicht mit dem physischen Tod zusammenfallen – er kann schon früher eintreten, und erstaunlicherweise ist dies eine Befreiung. Es ist die Befreiung vom einengenden Ich, das sich alles Mögliche über das Leben zusammenreimt, ohne es zu sein. Das Ich ist eine Erscheinung, wie alle anderen Erscheinungen auch, und dies nicht zu sehen ist ein großer Trugschluss, der alles andere zur getrennten Realität werden lässt. Der japanische Zen-Meister Kubota Jiun Rôshi (1932-2023) sagte einmal: ‚As long as you cannot say, all human beings never die, your Zen is not yet‘. Dabei geht es nicht um den Körper, der nicht sterben soll, sondern um das Ich als Person. Ist die Ebene ‚jenseits von Leben und Tod‘ realisiert, gibt es eine Empfindung für das, was niemals stirbt. Es ist formlos und unbeschreiblich.

Auf dieser Ebene lässt sich sagen, dass niemand stirbt, weil auch niemand lebt. Nur die Person lebt und stirbt, aber das Eigentliche ist das, was alles ist, und zu sagen, dass es lebt, wäre zu eingrenzend. Mindestens wäre festzustellen, dass es weder lebt noch nicht lebt. Leben selbst ist nur ein

Begriff, oft verwendet als Gegensatz zum Tod, aber was da ist, ist doch etwas ganz anderes, viel umfassender als solche Beschreibungen. Zeitlos, raumlos, unkennbar, unbeschreiblich. Die obige Formulierung lässt sich auch umkehren: Weil niemand lebt, stirbt auch niemand. So gesehen ist es auch kein Problem, tot zu sein. Da ist ja ohnehin niemand, denn schon vorher ist niemand da. Die leere Weite, die da ist, lebt nicht und stirbt nicht. Da ist einfach jene Unbeschreiblichkeit, die auch als Leere bezeichnet wird. Und davon sind wir ungetrennt. Die Erscheinungen mögen die äußere Hülle dessen sein, was nicht fassbar ist – ja im konventionellen Realitätssinn nicht ist. Rinzai spricht von einem ‚Fleischsack‘, den wir sind, und mehr ist da nicht. Jede Identifikation ist ein Trugschluss und lässt ‚jemanden‘ erscheinen, den es so nicht gibt. Die Erscheinungen kommen und vergehen – die Berge, die Seen, die Menschen. Aber es sind nur Erscheinungen – auch sie in gewisser Weise ein Trugschluss, eine virtuelle Welt, die wir für wirklich halten.

Wie andernorts schon beschrieben schafft das Ich die Welt und die Bedeutungen – ohne Ich ist da einfach das Unbekannte in Form einer Erscheinungswelt, von der wir letztlich aber nicht wissen, was sie wirklich ist. Da sind einfach die Berge und Seen. Letztlich ist dies alles ungetrennt, unwissbar – vielleicht sind es leere Erscheinungen, die sich selber wahrnehmen. Eine Art sich selbst wahrnehmender Trugschluss, den das normale Bewusstsein für wirklich hält. Diese Unbestimmtheit, diese Leere, ist der natürliche Zustand des Menschen. Dies wird sichtbar, wenn er sich nicht mit Ansichten, Aufgaben, Tätigkeiten identifiziert. All das dient nur dazu, sich in seinem Wesen nicht wahrzunehmen, sich selbst zu vergessen – sein eigentliches Sein nicht mehr zu erkennen. Die Unbestimmtheit und Leere ist aber das große Geheimnis des Seins und aller Erscheinungen, und darin versinkt alle Not und alle Freude.

Damit ist auch Zen viel mehr als eine Übung, als Meditation. Es ist ein Tor in die Unermesslichkeit des Seins. Dieses Sein ist leer und unfassbar. Wirkliche Meditation heißt, in diese Unfassbarkeit zu fallen, darin zu verweilen und zu erkennen, dass es nichts anderes gibt. Darin verschwindet letztlich aber auch derjenige, der fällt, und es bleibt keiner mehr, der ‚erkennt'. Wo niemand ist, gibt es auch kein Erkennen. Da ist einfach das leere Alles.

Lebenskraft

Dieses eine Leben umfasst alles. Es kümmert sich nicht darum, ob sich gewisse Aspekte davon als eigenständiges und unabhängiges Leben wahrnehmen und von ‚meinem Leben' sprechen. Das Leben gehört nicht uns – vielmehr gehören wir dem Leben. Oder einfacher: wir sind das Leben. Die unerklärliche Lebenskraft in allen Erscheinungen ist einfach sich selbst. Wenn sich die Vorstellung von einem getrennten ‚Ich' auflöst und sein illusionärer Charakter offensichtlich wird, zeigt sich das in der Wahrnehmung allen Seins. Es wird ersichtlich, dass auch andere Aspekte des Lebens, die als einzelne Erscheinungen wahrgenommen wurden, dieses eine Leben sind. Selbst wenn der Eindruck besteht, dass sie als separate Erscheinungen vom Umfeld getrennt seien, sind sie es nicht wirklich. Dies betrifft auch das, was als Austausch zwischen den Menschen erfahren wird. Jene (die meisten) Menschen, die sich als getrennte Wesen erfahren, wähnen sich zugleich in einem Austausch untereinander. Ohne die Fixierung auf ein ‚Ich' als separates Wesen zeigt sich, dass auch die anderen nicht wirklich getrennt sind. Auch sie sind (immer schon) ‚weggegangen', um mit dem Hirseverkäufer zu sprechen, nur entspricht dies nicht ihrem Erfahrungsfeld.

Wenn die Identifizierung mit dem ‚Ich' und damit dieses Ich sich selbst verflüchtigt, entspricht dies einer speziellen und zunächst ungewohnten Wahrnehmung. Sie ist nicht mehr ‚meine Wahrnehmung', sie geschieht nicht ‚mir‘, sondern sie hängt einfach irgendwie in einer großen Weite, ohne persönlich zu sein. Wenn keine Trennung mehr besteht, begegnet auch nicht mehr ‚jemand‘ ‚jemand anderem‘, sondern es zeigt sich vielmehr ein Ineinanderfließen der Lebenskräfte, die letztlich eine Kraft sind. Man könnte auch sagen, dass einfach ein Energiefeld besteht, das sich in vielen Wesen und Formen ausdrückt. Kämpfen etwa zwei Tiere miteinander, so ist es im Grunde *ein* Kampf, eine Kraft, die sich zugleich als Gegeneinander und als Miteinander zeigt. So ist es auch beim Ringen der Jungen auf dem Schulhof, und auch nicht anders bei politischen Auseinandersetzungen. Jedes Element bedingt das andere, und darin zeigt sich einfach der ‚Tanz des Lebens‘. Selbst wenn dieser mitunter tödlich enden kann, geht es doch nicht um etwas anderes. So befindet sich die Welt in steter Bewegung und Erneuerung, und nur das einzelne Element fürchtet seinen Untergang. (Dies zu Recht, denn es wird untergehen.) Die Frage ist jedoch, ob eine Identifizierung mit dieser Vereinzelung besteht, oder ob es eine Sicht gibt, die weiter reicht in einen Raum, welcher das Individuum übersteigt. Wir sind eben nicht ‚nur‘ dieses Individuum, auch wenn in jeder Wahrnehmung ein Rest davon bleiben mag. So sagt der Hirseverkäufer ja auch, dass *er* weggegangen sei. Gäbe es ihn überhaupt nicht mehr, könnte er das auch nicht sagen.

Hier tut sich das Dilemma auf, dass auch ohne Identifikation mit einem ‚Ich' doch eine entsprechende Restwahrnehmung bleibt, die nun allerdings bewusst ist. Da werden zwar keine wirklich getrennten Wesen mehr erkannt, aber es bleibt doch eine Wahrnehmung davon, auch wenn sie keinen persönlichen Charakter hat. So wird etwa gesehen, wie sich Menschen untereinander bewegen, und zugleich zeigt sich das ungetrennte Feld, das alle umfasst. Alle Erscheinungen sind zugleich das eine große unerklärliche Sein, das ebenfalls wahrgenommen werden kann. Durch diese doppelte Wahrnehmung verlieren die einzelnen Elemente an Bedeutung, und es wird auch erkannt, dass sie kein wirkliches Eigenleben haben. Wenn sich die meisten Menschen jedoch ihres ‚eigenen Lebens' rühmen, so findet auch diese Wahrnehmung innerhalb des großen Lebens statt. Es umfasst auch die Erfahrung der Trennung.

Energie ist ihrem Wesen nach unbeschreiblich wie das Leben selbst. Bei den Menschen lässt sich allenfalls unterscheiden, wo sich mehr oder weniger ‚Energie' befindet, aber was Energie ‚wirklich' ist, kann außerhalb von Konzepten nicht gesagt werden. Betrachtet man Energie als Faktor der ständigen Veränderung allen Seins, entspräche dies der schon geäußerten Ansicht eines überwältigenden Seins, das sich jeden Moment selbst gestaltet. Was immer sich als Energie zeigt, ist einfach ‚das Ganze'. Bewegung geschieht innerhalb dessen, was ‚alles' ist – und alles ist dieses eine unfassbare Energiepotential. Der alte taoistische Meister Zhuang-Ji spricht (in der Geschichte von einem Baum), dass alles nur scheinbar so ist, wie es sich zeigt, indem er sagt: es ‚tut nur so'. Das, was alles ist, tut so, als ob es getrennte Erscheinungen gäbe. Dies entspricht – von Zhuang-Ji etwas originell formuliert – einfach der allgemeinen Erfahrung, dass die Dinge getrennt seien, was im Letzten doch nicht zutrifft. Letztlich ist Energie ungetrennt und weist einfach verschiedene Formen auf, die wir als selbständige Erscheinungen definieren. So gesehen gibt es einfach nur Energie. Die Wahrnehmung einzelner Elemente ist dabei nur eine Randerscheinung innerhalb der großen Unfassbarkeit.

Diese eine Energie pulsiert als große Lebenskraft in uns allen und in allen Lebewesen. Und selbst die unbelebte Welt kann davon nicht ausgenommen werden. Da ist einfach Energie, welche die Welt und das Leben ist und sie gleichzeitig gestaltet. Sie lässt die Kinder gebären und aufwachsen, und die Alten sterben. Wenn etwas nach individueller Vorstellung aus dem Gleichgewicht gerät, scheint sie das Gleichgewicht wieder herzustellen, und auch so gibt es ständige Bewegung. Sie lässt kulturelle Erscheinungen entstehen, und auch technische. Selbst ein Auto ist im Grunde ein Naturprodukt – einfach über den Umweg des menschlichen Geistes entstanden. Zeigt sich diese Energie in ihrer reinen Form, kann dies für das individuelle

Bewusstsein etwas Überwältigendes haben. Sie überwältigt das ‚Ich', welches nichts mehr zu sagen hat, und es zeigt sich, dass nur diese reine Unfassbarkeit besteht. Selbst ‚Buddha' ist lediglich eine Erscheinung, und was als ‚Buddhanatur' (das Wesen aller Erscheinungen) bezeichnet wird, verweist einfach auf diese Unfassbarkeit und ist nicht mehr als ein Wort. Und wenn in den buddhistischen Schulen davon gesprochen wird, ‚Zuflucht zu Buddha (dem Einen), Darma (dem Verstehen) und Sangha' (der Gemeinschaft) zu nehmen, ist auch dies nur eine Erscheinung. Da ist einfach dieses überwältigende Sein, das sich jeden Moment gestaltet.

Im ‚allumfassenden Sein' mag man sich zwar als getrenntes Wesen und damit als ‚jemand' (ein ‚Ich') wahrnehmen, wenngleich einzig dieses eine Sein ist. Es ist diese eine Lebenskraft, die als ‚Peter', ‚Elisabeth' oder ‚Paul' erscheint. Fällt die Wahrnehmung als getrenntes Wesen weg, sprechen einige von einer Verschiebung innerhalb des Bewusstseins, einem ‚shift'. An die Stelle des ‚Ich' als der zentralen Gestalt tritt das überwältigende Sein. In buddhistischen Texten wird dieses Sein hoch gelobt. So spricht das Avatamsaka-Sutra diesbezüglich von einer ursprünglichen ‚Herrlichkeit': ‚Diese Herrlichkeit ist weder zu nennen noch zu messen, weil sie den ganzen Kosmos bedeckt. Diese Herrlichkeit ist allgemein und alldurchdringend, weil sie in eine einzige Gestalt alle Energien der grenzenlosen Freiheit aufnimmt.' Dieses unfassbare Sein ist nicht ‚etwas‘, während das Ich stets etwas wahrnehmen will. Im besten Falle ist das Ich darin aufgehoben – einfach eine Erscheinung wie alle anderen auch. Aber auch in der Formulierung ‚es gibt mich / dich nicht‘ zeigt sich einfach die überwältige Einheit allen Seins. Was diesem ‚Ich‘ dabei als ‚angstmachendes Nicht-Sein und Nichtwissen‘ erscheint, wird in der Einheit zum erlösenden Sein und einem befreienden Nichtwissen. Und doch wird niemand erlöst. Es ist einfach die Unfassbarkeit, die da ist, ohne Ich, das damit etwas anzufangen hätte. Da ist schließlich einfach dieses überwältigende Sein, das auch Energie oder Lebenskraft genannt werden kann. Der Himmel wechselt – einmal ist er blau, und einmal grau. Die Wellen ändern sich – einmal sind sie hoch, einmal niedrig. Was macht das schon aus? Das Unfassbare hat so viele Facetten. Zur Krux der Sache wird es erst, wenn darüber gesprochen wird. So entsteht ein ‚Inhalt‘, doch das, worüber gesprochen wird, hat gerade keinen Inhalt. Die Lebenskraft lässt sich nicht erfassen.

Stete Meditation

Der Zustand des reinen Seins kann auch als stete Meditation beschrieben werden. Während man unter Meditation im Allgemeinen eine Tätigkeit versteht – auch wenn sie recht passiv ist, (man setzt sich einfach hin und versucht still zu werden,) – ist die stete Meditation das, was zeitlos eigentlich ist. Krishnamurti grenzte sich gegen die konventionelle Meditation als Übung klar ab und bezeichnete wahre Meditation als etwas völlig anderes – als einen Zustand außerhalb aller Erscheinungen, Vorstellungen und Identifikationen. Dazu sagt er: ‚Du musst völlig allein sein, nicht einem System, einer Methode folgen, nicht Worte wiederholen oder einem Gedanken nachjagen oder ihm eine Form geben, die Deinem Wunsch entspricht.' Und an anderer Stelle: ‚Meditation ist die Aufhebung dieses Raumes, das Aufhören des Ich. Dann gewinnen alle Beziehungen eine ganz andere Bedeutung, denn in dem Raum, der nicht durch das Denken erzeugt ist, gibt es nicht das andere – das Werden –, weil ‹Du› nicht mehr existierst. Meditation ist dann nicht mehr das Trachten nach einer Vision, wie geheiligt sie auch durch die Tradition sein mag. Sie ist vielmehr der endlose Raum, in den das Denken nicht eindringen kann.'

So gesehen hat wirkliche Meditation nichts mit einem Bemühen zu tun, sondern es ist vielmehr ein Zustand, in welchem die Zeitdimension überschritten ist und die Vorstellung eines eigenen ‚Ich' keinen Platz mehr findet. In diesem Sinne sagt Krishnamurti: ‚Wahrnehmung ohne den Wahrnehmenden heißt, in der Meditation mit dem Unermesslichen in seiner ganzen Höhe und Tiefe in Kommunion zu sein. Diese Wahrnehmung ist etwas ganz anderes als das Sehen eines Objektes ohne den Beobachter, denn in der meditierenden Wahrnehmung gibt es kein Objekt und keine Erfahrung.‘ – Mit Meditation wird damit eigentlich bezeichnet, was der formlose Urzustand des Menschen ist, und nicht etwas, das geübt und wodurch etwas erlangt werden kann. Dieser Zustand besteht dauerhaft und die Frage ist nur, ob er wahrgenommen wird oder nicht. Wie erwähnt spricht Krishnamurti auch von einem Raum, den das Denken nicht betreten kann, wofür es die völlige Einsamkeit braucht, die entsteht, wenn der Geist vom Denken und allen Wünschen befreit ist. Dieser Zustand entspricht einer Art dauerhafter Meditation, der nach den Worten Krishnamurtis auch bestehen kann, ‚wenn die Augen offen sind und man von Objekten jeder Art umgeben ist. Aber dann haben diese Objekte überhaupt keine Bedeutung. Man sieht sie, aber es ist damit kein Wiedererkennen verbunden, und das bedeutetet, dass in diesem Vorgang kein Erfahren liegt.‘

Der Zustand, der hier beschrieben wird, ist nicht unähnlich demjenigen, wovon das Herz-Sutra spricht. In der Verbindung, oder besser gesagt, in der nie erfolgten Trennung von ‚Form‘ und ‚Leere‘, von Erscheinungswelt und unfassbarem Raum, zeigt sich das eigentliche Sein. Auch wenn man ‚von Objekten umgeben' ist, besteht es weiterhin. Immer ist dieses eine Sein, das irgendwie wahrgenommen wird, und woraus auch das Handeln erfolgt, das durch einen geschieht. Nach Krishnamurti besteht dann ein Raum, ‚wo Handlung Nicht-Handeln' ist. Hier öffnet sich das ganze Spektrum der ‚Ich-Freiheit', wo nicht mehr ‚jemand' da ist, der ‚etwas' erfährt und darauf aufbauend handelt, sondern worin sich einfach das Leben in all seinen Aspekten vollzieht. Ein Dasein in dieser Verfassung könnte ‚stete Meditation' genannt werden. Das ist ein Zustand, wo sich Präsenz und Handeln sowie Absenz und reines Geschehen verbinden, und wo offensichtlich wird, dass es eine Trennung in solche Aspekte nicht wirklich gibt. Immer schon bestand die Präsenz in einer äußerlich wahrgenommenen Welt und die gleichzeitige Absenz davon – Form und Leere als eins. Und auch scheinbares Handeln und Geschehenlassen sind nicht zweierlei Dinge. Während in einem konventionellen Sinne verstanden nur das ‚Ich' präsent sein kann, übersteigt ein umfassendes Dasein die Kriterien von Präsenz und Absenz.

Allgemein wird gesagt, dass die Welt und man selbst ‚real' sind, wovon schon die Rede war. Diese Art Realität basiert aber auf der Vorstellung von Trennung. Ein wichtiger Punkt für diese Einschätzung ist der Umstand, dass eine unausgesprochene

Konvention der Gesellschaft besteht, dass alle äußeren (getrennt wahrgenommenen Erscheinungen) als ‚real' bezeichnet werden, und alles andere als ‚nicht-real'. Aus ungetrennter Sicht existieren einzelne Erscheinungen jedoch nicht wirklich, und sie können deshalb ebenso als ‚nicht-real' bezeichnet werden. Wie an anderer Stelle schon angesprochen, werden diese Verhältnisse im geistigen Osten umgekehrt als im Westen gesehen: dort wird als ‚real' oder ‚absolut' bezeichnet, was als unfassbares unbewegtes Wesen allen Seins verstanden wird, und als ‚nicht-real' gelten alle Dinge, die allesamt nicht von Dauer sind. In beiden Fällen handelt es sich aber um Interpretationen, die gleichzeitig bestehen. So gesehen heben sich die beiden Beschreibungen gegenseitig auf, und was bleibt, ist einfach das reine, gänzlich unbeschreibliche Dasein. Das Problem in der konventionellen Betrachtungsweise ist nur, dass die Unbeschreiblichkeit auf eine Beschreibbarkeit reduziert wird und damit der entscheidende Faktor einer umfassenden Weltsicht verloren geht. Und gleichzeitig wird diese Reduktion wie auch der dadurch entstehende Verlust nicht wahrgenommen, wodurch das unbefriedigende Resultat zu einer allgemein anerkannten Selbstverständlichkeit wird.

Die ‚stete Meditation' ist das Gegenteil davon. Es ist die Wahrnehmung des umfassenden Daseins in den unterschiedlichsten Umständen. Stets wird erkannt, dass es sich bei allen Erscheinungen und Geschehnissen einfach um die Manifestation der

Urkräfte unserer Welt handelt, und dass die einzelnen Menschen davon nicht ausgenommen sind. Wir selbst sind diese Urkräfte, die sich stets ‚gerade so‘ zeigen, und dies zu sehen, ist ‚stete Meditation‘.

Hauslos daheim

Wir fühlen uns allgemein nicht nur in den eigenen Räumen daheim, sondern noch vielmehr in unserer Identität. Wohnungen und Häuser kann man beziehen und von dort wieder auszuziehen, womit sich das eigene Selbstverständnis auch etwas verschieben mag, aber man bleibt doch einigermaßen der- oder dieselbe. Kaum jemand verlässt eine Wohnstätte ohne Ersatz freiwillig, und ähnlich verhält es sich auch mit der Identität. Im Laufe des Lebens können sich Identitäten ändern – wir selbst sind ja keine stabile Größe, sondern stetem Wandel unterworfen – aber es verzichtet kaum jemand freiwillig ganz auf seine Identität. Und dennoch – wie schon erwähnt – kann es geschehen, dass die eigene Identität zerfällt, in einem langsamen Prozess oder plötzlich, und dann verbleiben wir ohne geistige Wohnstätte. Wie Wohnungen und Häuser werden auf dem Markt allerdings auch viele geistige Wohnstätten angeboten – Lehren, in denen man es sich einrichten und womit man sich identifizieren kann. Und wie im Liegenschaftsmarkt wird dafür auch heftig Werbung betrieben – die Angebote sind zahllos, wozu man mit vielen Verheißungen eingeladen wird. Angesichts dessen kann man leicht zum geistigen Pilger werden, der mal dieses und mal jenes ausprobiert – von Wellness über Yoga und Achtsamkeit bis hin zu psychoaktiven Substanzen – stets auf der Suche nach Wohlbefinden oder gar zur ultimativen Persönlichkeitserweiterung. Meistens bleibt dabei aber dieses ‚Ich' erhalten, das nun neue Erfahrungen macht und sich damit vielleicht erweitert. Die Wohnungen oder Häuser, die man bezieht, werden vergleichsweise grösser, und das Leben wird im besten Fall weiter oder angenehmer. Im Prinzip bleibt es aber doch stets ähnlich – das ‚Ich' bestätigt sich neu in seiner eigenen Erweiterung.

Innerlich hauslos zu sein ist etwas völlig anderes. Es bedeutet einen Verlust an Heimat und Geborgenheit, den sich niemand wünscht und niemand freiwillig sucht. Vielleicht wird auch deshalb wenig über solche Prozesse geschrieben. Was angeboten wird, muss ja einen Mehrwert generieren, sonst würde es keine möglichen Kunden anziehen, und so wird auch immer etwas in Aussicht gestellt, was zu gewinnen sei. Das kann von glücklicheren Beziehungen, größerer innerer Harmonie und tieferer Entspannung bis zur Verheißung absolut umfassender Zufriedenheit reichen. Nur funktioniert es nicht, und das Interessante daran ist, dass kaum jemand durchschaut, wie man so stets vom Einen zum Nächsten hechelt, ohne je anzukommen. Hauslosigkeit offeriert demgegenüber nichts; kein Mehrwert ist zu gewinnen, und sie wird auf dem Markt deshalb auch nicht empfohlen. Aber es kann sein, dass Menschen, welche mit ihrer Hauslosigkeit konfrontiert sind, untereinander in einen Austausch kommen. In freier Begegnung und ohne Schülerschaften kann sich dabei Begleitung ergeben, bis diese nicht mehr benötigt wird.

Das von außen gesehen vielleicht Eigenartige ist, dass sich in dieser ‚geistigen Hauslosigkeit‘ eine neue Art von Heimatgefühl ergeben kann, aber es ist eine andere Art als diejenige der sicheren Heimat. Verstehen wir die geistige Hauslosigkeit als ein Dasein ohne Identifikationen, so ist letztlich auch niemand mehr hauslos. Und genau darin kann das neue ‚Daheim‘ liegen. Die Abwesenheit von bestimmten Formen oder Identifizierungen erscheint gewissermaßen als neue unpersönliche Heimat. So wie es eine Stille hinter der äußeren Stille (der Abwesenheit von Lärm) gibt, kann sich auch eine Heimat hinter dem konventionellen Heimatgefühl zeigen. Was vordergründig ist, wird transzendiert, womit sich eine neue Freiheit ergibt. So verhält es sich auch mit dem ‚Glück‘. Alle streben danach, glücklich zu sein, und dafür nimmt man alles Mögliche in Kauf. Auch das kann aber transzendiert werden. Das große Glück ist dann, nicht glücklich sein zu müssen. Es ist die Freiheit von äußerem Glück und Unglück, die Freiheit von allen Zumessungen, von allen Qualitäten, die wir den einzelnen Lebensabschnitten geben.

Wie schon mehrfach angesprochen, liegt der Kernpunkt in der Vorstellung von uns als ‚Person‘, die glücklich oder unglücklich ist. Die Identifikation mit ‚meinen‘ Vorstellungen, mit ‚meinem‘ Glück oder Unglück, macht mich zum ‚Ich‘, dem alles widerfährt. Die Freiheit entsteht dadurch, dass dieser Kernpunkt nicht weiter besteht, dass es nicht mehr ‚jemand' ist, der glücklich oder unglücklich ist. Zwar können derartige Empfindungen auftauchen, doch gehören sie niemandem. Es ist gewissermaßen das ‚Glück', nicht verwickelt zu sein in all die Ereignisse, die ihre Bedeutung erst dadurch bekommen, dass wir sie ihnen verleihen.

Geistige Hauslosigkeit bedeutet, keinen Glauben an eine Verheißung haben zu müssen, keine Vorstellungen über die Welt und uns selbst, keine Ansichten und Meinungen. Und genau in dieser Abwesenheit zeigt sich das eigentliche Wesen allen Seins. Es besteht nämlich immer schon, ohne dass es unsere Ansichten bräuchte, und es kann ersichtlich werden, dass diese einer tieferen Wahrnehmung im Wege stehen. Um das tiefe Sein wahrnehmen zu können, bedarf es eines identifikationsfreien Raumes. So wie früher schon dargelegt, geht es schließlich aber nicht um die Erfahrung von ‚jemandem', sondern einfach um das Sein, das nicht ‚deiner' bedarf, um sich selbst zu sein.

In diesem Sinne geistig oder spirituell ‚hauslos' zu sein, bedeutet im Letzten, dass da gar niemand ist, der jetzt hauslos wäre. Es ist vielmehr so, als hätte es gar nie geistige Häuser gegeben, in denen man sich daheim fühlen könnte. Sie sind gewissermaßen nur eine Art Vorstufe gewesen, solange wir uns als Personen wähnten, und wenn die Vorstellung von sich als einer Person verschwindet, dann verschwinden auch geistige Häuser und selbst die Hauslosigkeit. Da ist einfach nur noch, was ist und was erscheint. Dies zu sein ist im Grunde gar nichts Besonderes. Alle Dinge sind einfach sich selbst, und alle Ereignisse erscheinen, wie sie geschehen. Eigenartig ist dabei nur die Erkenntnis, dass die Erfüllung in der eigenen Auflösung liegt. Nicht in der Auflösung dessen, was hier ist, sondern in der Auflösung aller Vorstellungen darüber, was es ist. Hier sind wir daheim, aber nicht als ‚jemand‘.

Stille

Was bleibt, ist die große Stille. Die absolute Stille, die keine Form hat und zugleich alle Erscheinungen in sich birgt. Man findet sie in den Bergen, am Meer, in einer von allen Konfessionen befreiten Kirche und an vielen anderen Orten. Im Grunde ist sie überall – nur wird ihr tiefes Wesen vom Lärm der Tage und Nächte übertönt, und kaum jemand realisiert noch, dass es sie gibt. Es ist der Ort, wo es nichts mehr braucht, wo alles schon abgeschlossen ist und ebenso noch nicht begonnen hat, wo keine Uhr tickend den Zeitenlauf misst. Sie ist der Ursprung allen Seins und dessen Ende, und sie steht zugleich außerhalb solcher Beschreibungen. Sie ist nicht zu fassen, weil sie keine Qualitäten hat, weil sie niemandem etwas gibt und niemandem etwas nimmt.

Die zeitlose Stille findet sich auch dort, wo eine große Welle über Buddhas Spuren im Sand hinweggegangen ist und nichts mehr bleibt von dem, was er gesagt und vermittelt hat. ‚Die Weite des Raumes, die sich dann auftut, wenn der Geist seinen begrenzten Raum verloren hat und wohin der Verstand, das Ich, nicht gelangen kann, ist Schweigen‘ – so beschrieb es Krishnamurti. Und Max Picard, Arzt und Kulturphilosoph des vergangenen Jahrhunderts, schrieb: ‚Es gibt keinen Anfang vom Schweigen und auch kein Ende, es scheint noch aus jenen Zeiten zu stammen, da alles noch ruhendes Sein war, es ist wie ungeschaffenes immerwährendes Sein.' Buddhas Botschaft war letztlich nicht eine des Inhaltes, sondern die des weiten Raumes, der sich jenseits und in allem zeigt, wovon es eine Wahrnehmung zu geben scheint, und der doch nicht einfach zugänglich ist – nicht für ‚jemanden‘, der sich darum bemüht. Es ist wohl Gnade, wenn sich dieser Raum öffnet, und niemand hat einen Anspruch darauf. Und doch sind wir selbst nichts anderes als dies. Die große Stille in allem. Die Stille, für die es keine Worte gibt.

Die große Stille.

Unermessliche Stille.

Unermesslichkeit

In der großen Stille ist alles Leben enthalten. Sie ist das Leben. Glücklich, wer es findet. Geboren wird hier und gestorben. Geliebt und gelitten. Arbeit geschieht darin, und Ausruhen. Wozu braucht es dazu einen Buddha? Alle Tiefe ist schon gegenwärtig. Im Grunde zeugen die Sutren von ihrer eigenen Aufhebung. Sie sind das große Lied der Unermesslichkeit. Die Unermesslichkeit, die sich selber besingt. So etwa spricht das Lotos-Sutra von sich selbst: ‚Wenn ein Mensch es erlangt, dieses Lotos-Sutra zu hören, wenn er es selbst vervielfältigt oder einen Menschen veranlasst, es zu vervielfältigen, so lässt sich das Maß des tugendhaften Verdienstes, das er dabei erlangt, selbst mit der Weisheit eines Buddha nicht erfassen.‘ In langen Texten wird die wunderbare Art und Wirkung des Lotos-Sutra gelobt, und das ist der eigentliche Inhalt des Sutras, ohne dass es eine andere Botschaft enthält. Der Kreis schießt sich – das Sutra genügt sich selbst, so wie sich die Welt selbst erfüllt, ohne dass es dazu noch etwas Zusätzliches braucht.

Die Unermesslichkeit ist nicht zu fassen, und weil sie nicht an einem bestimmten Ort ist, sondern raum- und zeitlos, hängt ihre Wahrnehmung letztlich auch nicht davon ab, wohin man geht. Wenn es ganz still wird, ist nicht einmal mehr einer da, der irgendwo hingehen könnte. Die Reise ist gewissermaßen beendet. Der Tropfen, der im Meer verschwindet, existiert nicht mehr. Das ist die reine

Stille. Sie richtet sich nicht auf etwas aus – selbst wenn es erscheinen mag, als wäre sie das reine Sein, das seine Form sucht. Doch diese gibt es nicht zu finden. Die Stille ist alles. Sich etwas davon erhoffen zu wollen, wäre zuviel. Das Unnennbare, das Unbeschreibliche kann nicht gefasst werden. Es ist so unermesslich, dass es nicht einmal eine Idee darüber geben kann, worum es geht. Und dennoch gibt es im Grunde nur diese Unergründlichkeit. Sie geht nirgends hin und braucht nicht noch etwas, da sie alles ist. Man kann unter Leuten sein oder allein – es ist ‚das‘. Immer besteht diese Unfassbarkeit – draußen und in uns selbst, ungetrennt. Umfassend ist es zeitlos hier und überall. Und dort, wo ‚das‘ wahrgenommen wird, braucht es ‚uns‘ nicht mehr. Das ist innere Stille.

Wenn Unermesslichkeit immer ist, besteht das Leben im konventionellen Bewusstsein (wie schon angesprochen) aus vielen Ablenkungen. Jede Art von Tätigkeit und Beschäftigung kann dazu dienen, die Unermesslichkeit, die wir sind, und die uns alle umgibt, nicht zu spüren. Dabei soll hier nicht gesagt werden, dass dies absichtlich geschehe – das Bewusstsein scheint einfach so gestaltet. Indem Ablenkung geschieht, entsteht nun das, was als ‚Realität‘ erfahren wird. In der Bezogenheit auf Aktivitäten erscheinen sowohl diese als auch man selbst als real. Ohne diese Identifizierung mit Aktivitäten besteht ausschließlich Unermesslichkeit. Da gibt es nichts Bestimmtes zu tun. Und alles, was getan wird, ist in einem gewissen Sinne ‚unreal‘. Es geschieht einfach. Auf der Ebene der Unermesslichkeit kommt es auch nicht darauf an, was getan wird. Im Allgemeinen sind es einfach die täglichen Verrichtungen, die zur äußeren Lebensgestaltung notwendig sind – Essen zubereiten, Körperpflege, ein Gespräch, wenn es sich ergibt. Auch andere Tätigkeiten wie Rechnungen bezahlen, Steuererklärungen ausfüllen usw. sind ohne besondere Bedeutung, wenn es keine Identifikation damit gibt. Was sich zeigt, ist ein Feld der Unermesslichkeit, worin einfach alles geschehen kann – in Gleichwertigkeit. In der Unermesslichkeit gibt es nichts zu erreichen, weil dies nur innerhalb von Wertungen und Vergleichen möglich ist.

Es ist allerdings verwirrend, der Unermesslichkeit ausgesetzt zu sein – zumindest für die Überreste des konventionellen Bewusstseins ist es so. Es gibt gewissermaßen zwei Ebenen des Daseins: die konventionelle, die ‚durchsichtig‘ geworden ist, und diejenige der Unermesslichkeit, die alles durchdringt (wodurch die Dinge und Geschehnisse wiederum als ‚durchsichtig‘ erscheinen). Insofern ‚ist‘ der Mensch, und zugleich ‚ist er nicht‘. Indem er ‚ist‘, kann er die Bedeutungslosigkeit von allen Erscheinungen wahrnehmen, und indem er ‚nicht er ist‘, gibt es einfach bedeutungslose Ereignisse.

Nagarjuna, der den Buddhismus zum Mahayana-Buddhismus konkretisiert hat, spricht (wie Buddha) vom ‚mittleren Weg' (zwischen je einseitigen Sicht- und Verhaltensweisen). Interessant ist in diesem Zusammenhang die Interpretation des ‚mittleren Weges' von Kai Marchal (in: Geh durch die Wand und werde, der du/nicht/bist). Er meint, dass das ‚Mittlere' die zwei Arten des Weltverständnisses betrifft, nämlich die Welt gleichzeitig als ‚real' und als ‚nicht real' zu betrachten. Also nicht ‚die Welt existiert nicht', und auch nicht ‚es gibt nur die scheinbar außen erscheinende Welt'.

Ein Problem ist, dass der Rest des konventionellen Bewusstseins seine Mühe damit hat, einfach in der Unermesslichkeit, im Nicht-Tun (was nicht bedeutet, dass nichts getan würde) zu verharren. Dann kann das Bedürfnis nach der bereits angesprochenen Ablenkung kommen. Diese ist aber nicht erfüllend – was immer dann getan wird, führt nicht zu einer zusätzlichen Befriedigung. Nicht jede Tätigkeit ist aber eine Ablenkung von der Wahrnehmung der alles durchdringenden Unermesslichkeit. Die Ablenkung zeichnet sich einfach dadurch aus, dass durch die Tätigkeit etwas erreicht werden soll. Ist schließlich alles getan, was gerade erledigt werden sollte, wird die Unermesslichkeit für viele eher sichtbar. Manche kommen aber nie an diesen Punkt, weil sie immer etwas zu tun haben.

Rückblick und Exkurs III

Kein Erleben

In der Unergründlichkeit ist einfach Weite, welche die eigene Erscheinung mit einschließt und davon ununterschieden ist. Sie ist qualitätslos, gegen nichts sich abhebend, und da ist auch niemand, der dies speziell erfährt. Jedes Erleben und Erfahren hat mit Empfindungen und Gefühlen zu tun, welche stets etwas Bestimmtes sind und daher Trennung bedeuten. Ereignisse geschehen, aber da ist nicht noch jemand, der diese gesondert ‚erlebt'. Diese zusätzliche Schlaufe fällt im einheitlichen Dasein weg. Da ist einfach eine Empfindung, beispielsweise von einem Kuchen beim Essen, aber niemand, der diese Empfindung hat und dies gesondert erlebt. Ohne Ichbezogenheit und eine entsprechende Identifikation sind der Kuchen, zu essen, das Zimmer und die Person darin eine Einheit (so wahrgenommen – von niemandem gewissermaßen). Diese Einheit hat keine Gefühlsqualität. Erst wenn da jemand ist, der dies ‚erlebt', der also die Empfindung sich zurechnet, dann können Gefühle zu diesem Geschehen entstehen.

Darüber gibt es letztlich nichts zu sagen. Es ist einfach, was es ist, und zugleich ist es leer und auf niemanden bezogen. Darüber kann überhaupt nichts ausgesagt werden. Da ist nichts, das gesondert wäre und beschrieben werden könnte. Alles

Sprechen ist nur ein Darum-herum. So gesehen sind die alten schweigenden Meister gut zu verstehen. Jede wirkliche Lehre weist über sich selbst hinaus, sie wird zur Lehre der Leere, womit sie hinfällig wird. Jenseits der Formenwelt ist keine Lehre wirklich existent. Da ist letztlich nichts Fassbares, das Realitätsgehalt hätte, da ist einfach Leere in allen Erscheinungen. Da ist einfach Sein, stehen, sitzen, liegen, und es gibt nichts zu erlangen und nirgendwo hinzugehen. Und da ist keiner, der dies wirklich ‚erlebt', denn Einheit kann nicht erlebt werden. Wenn die Zusatzschlaufe des Erlebens fehlt, dann braucht es nichts, weil alles schon ist.

Jenseits ist hier

Jenseits wird als Begriff sehr vielseitig benutzt, und er weist schon auf seinen Gegenpol hin: ein ‚Diesseits‘, womit im Allgemeinen alle fassbaren Erscheinungen gemeint wird. Im Buddhismus ist vom Nirvana die Rede, das zunächst in einem Gegensatz zur Erscheinungswelt, dem Samsara, zu stehen scheint. Darin ist der Kreislauf der bedingten Existenz zugunsten einer absoluten, zeit- und formlosen Transzendenz aufgehoben. Sind die drei ‚Geistesgifte‘ Gier, Hass und Verblendung überwunden, besteht innere Ruhe, worin Gefühle, Umstände und Erscheinungen keine Rolle spielen.

Wenngleich auch im Buddhismus Stufen der Entwicklung beschrieben werden, geht es dabei eigentlich um eine Befreiung, worin sichtbar wird, was immer schon ist. Nivana steht damit nicht in einem tatsächlichen Gegensatz zum Samsara, sondern ist letzterem vielmehr inhärent. Es ist lediglich die Sichtweise auf die Welt mit all ihren Erscheinungen, welche den Unterschied ausmacht. Die letztendliche Unbeschreibbarkeit des Seins in allen Erscheinungsformen kann so als äußere Welt einschließlich all unserer Reaktionen darauf verstanden werden, womit sie in ihrem samsarischen Aspekt erscheint, oder aber als Unbeschreibliches Nirvana, worin es keine Trennungen gibt und damit auch keinen Beobachter, der sich dazu eine Meinung bilden könnte.

Was als Nirvana beschrieben wird, ist damit nicht getrennt vom Samsara, worauf auch das schon verschiedentlich zitierte Herz-Sutra mit der Aussage hinweist: Form ist Leere und Leere ist Form. Das Samsara ist zugleich Nirvana – alle Erscheinungen stellen zugleich die absolute Untergründlichkeit dar. ‚Nothing being everything‘ sagt der zeitgenössische Vertreter des Nondualismus Tony Parsons dazu. Dazu ist allerdings zu vermerken, dass selbst Begriffe wie Dualismus und Nondualismus reine Konstrukte sind, die etwas letztlich Unnennbares in verschiedenen Aspekten beleuchten sollen, so wie letztlich auch Samsara und Nirvana. Solche Beschreibungen spalten die uranfängliche Einheit allen Seins im Grunde auf und ihre Verwendung führt damit in gewisser Weise auf Abwege. Im besten Falle können sie dazu dienen, das vordergründige Primat des Samsara, der materiellen Außenwelt und aller menschlichen Reaktionen darauf, mit einem Gegenpol zu ergänzen und so darauf hinzuweisen, dass dieses rein äußere Weltverständnis nicht stimmig ist. Effektiv gibt es aber beides nicht – kein Samsara, kein Nirvana – keinen Dualismus, keinen Nondualismus – sondern nur dieses eine Sein.

Weil es aber schwierig ist, diese Sicht zu erreichen, werden derartige Begriffe benutzt – nicht zu Unrecht, wenngleich auch nur auf einer Ebene von Vorstellungen. Sie sind gewissermaßen Steigbügelhalter für das Ich auf dem Weg zu einer erweiterten

Sicht, worin dieses Ich als beurteilende Instanz aber letztlich hinfällig wird. So vorläufig wie das Ich ist, so sind es auch diese Begriffe. Entsprechend verhält es sich nun auch mit Jenseits und Diesseits. Auch dies sind nur Hilfen zum Verständnis von etwas, das nicht beschrieben werden kann. Was gemeint ist, könnte als ‚jenseits von Jenseits und Diesseits' beschrieben werden, was aber wiederum jenseits dieser Beschreibung stünde. ‹Jenseits von ‚jenseits von Jenseits und Diesseits'› – usw. Was wirklich gemeint ist, wird erst spürbar, wenn alle diese Begriffe und Beschreibungen wegfallen. Dann ist einfach nur noch ‚dies'. Der alte Zen-Meister Rinzai hat mit dem Ausruf ‚Katsu' darauf hingewiesen, und Meister Gutei hob auf alle entsprechenden Fragen einfach seinen Zeigefinger hoch. Und der zeitgenössische nonduale Speaker Karl Renz sagte dazu einfach ‚peng'. Wie treffend alle solchen Ausdrücke sind wird klar, wenn die Gegensätzlichkeit aufgehoben ist, wenn da keiner mehr ist, der in Gegensätzen denkt, und keine Gegensätze mehr wahrgenommen werden, die es so auch gar nicht gibt. Sie sind lediglich Beschreibungen von Ausschnitten aus diesem einen Sein.

Genau genommen ist Jenseits also weder hier noch nicht hier, und auch nicht jetzt. Es gibt dieses letztlich nicht, sowenig wie es ein Diesseits gibt. Auch das sind nur Beschreibungen, welche Trennung voraussetzen. Dass eine Wahrnehmung ohne Trennung möglich ist, versuchten alle jene Men-

128

schen aufzuzeigen, die davon sprachen, wenngleich das Sprechen darüber bereits Trennung in Gedanken bedingt.

Exkurs: Offenheit seit Anbeginn

Während die spirituelle Öffnung bei manchen Menschen in einem langsamen Prozess erfolgt und bei einigen ganz plötzlich geschieht, gibt es auch Menschen, die sich seit Anbeginn in einer solcherart offenen Verfassung befinden. In asiatischen Ländern mögen solche Menschen als Heilige verehrt werden, aber in der westlichen Kultur können sie als Figuren erscheinen, welche den Weg in die Welt nicht gefunden haben. Es kann durchaus sein, dass sie sich selber auch so erleben, denn wenn rund um sie herum nur Menschen sind, welche in einer rein äußeren ‚Realität' leben, so können sie durchaus glauben, dass mit ihnen etwas nicht in Ordnung sei. Jedenfalls mögen sie nach einem Dasein wie die anderen Menschen streben, und dabei können sie sich an manchem anstoßen, weil ihre innere Situation anders ist – so sehr sie sich auch um eine ‚Normalität' bemühen. In jungen Jahren kann es sein, dass sie sich durch besondere Anpassung hervortun, oder im Gegenteil durch besonderen Widerspruch – letzteres eventuell bei gleichzeitigem Bemühen, doch zu den anderen dazuzugehören. Nicht ein ‚durchschnittliches Bewusstsein' zu haben, ist eine enorme Herausforderung, und der Versuch, sich dem durchschnittlichen Erfahrungsfeld anzunähern, kann im Verlust der eigenen Besonderheit und den damit verbundenen Qualitäten enden.

Die Leistung der von solcher Offenheit betroffenen Menschen liegt zunächst darin, sich in der Welt der anderen Menschen soweit orientieren zu können, dass sie im gesellschaftlichen Rahmen zu funktionieren vermögen. Damit sind sie aber lediglich ‚teilangepasst‘, und es soll auch nicht darum gehen, dass sie ganz angepasst würden, sofern das überhaupt als möglich erscheint. Ihr großes Potential wäre dann sowohl für sie selbst wie auch für die Umwelt verloren. Indem sie nicht an die allgemeinen bewusstseinsmäßigen und gesellschaftlichen Begrenzungen gebunden sind, vermögen sie vielen Menschen Anstöße zu geben, und vor allem können sie für jene hilfreich sein, die sich auf der inneren Suche befinden. Damit sie ihr Potential umsetzen können, brauchen sie aber ein tiefes Verständnis davon, wo sich die meisten anderen Menschen bewusstseinsmäßig befinden. Nach ihrer ‚Teilanpassung‘ gilt es zu erkennen, dass sie über jene Öffnung verfügen, welche andere suchen. Es ist keineswegs selbstverständlich, dies zu sehen, wenn man nichts anderes kennt. Weder ist von solchen Menschen leicht einzusehen, dass die anderen überhaupt etwas suchen, noch ist einfach zu verstehen, was es genau ist. Weil für sie ihr anderes Bewusstsein selbstverständlich ist, können sie nicht ohne weiteres erkennen, dass sie genau das verkörpern, was die anderen erstreben. Um dieses Bewusstsein zu bilden, braucht es mehr, als nur an der Gesellschaft anzuecken. Vielmehr müssen die entsprechenden Zusammenhänge erfasst werden. Wird verstanden, dass die anderen Menschen in der Dimension einer rein äußeren Weltauffassung leben, kann auch der Mangel sichtbar werden, der darin liegt, und erst daraus können verschiedene Hilfestellungen für andere erwachsen.

Im Allgemeinen ist es so, dass Menschen, deren große (spirituelle) Offenheit für andere spürbar ist, eine gewisse Anziehung ausüben. Schließlich verkörpern sie, was andere suchen. Es ist dabei aber durchaus möglich, dass sie zwischen verschiedenen Verfassungen hin und herpendeln − zwischen einer anfänglich erreichten Anpassung an das ‚normale Bewusstsein‘ und der anderen Verfassung von völliger Durchlässigkeit. Trotz dieser Offenheit möchten sie ja auch hin und wieder an der ‚normalen‘ Welt teilhaben. Diese kann für sie aber auch ein Leiden darstellen, da sie letztlich doch nie im ‚normalen Bewusstsein‘ ankommen werden. So können ihnen dann doch jene Momente als stimmiger erscheinen, wo sie andere Menschen an ihrer inneren Welt teilhaben lassen können. Diese Bereitschaft, und vor allem die Ausstrahlung, die von dem für viele Menschen ungewohnten anderen Bewusstsein ausgeht, wird vor allem jene anziehen, welche bereits eine Ahnung davon haben, um was es geht. Der offene Mensch kann damit ein Ansprechpartner für die suchenden Menschen sein, und ein Orientierungspunkt für jene, die plötzlich in seine Welt gefallen sind. In diesen Begegnungen können sich nun bedeutende Resonanzen ergeben. Es wäre, als würde das Licht der einen Kerze die andere anzünden. Zugleich besteht darin aber keine Absicht, bei anderen etwas zu bewirken. Es ist das reine Geschehen zwischen Energiefeldern – wenn man so will – die sich letztlich als ein einziges Feld erweisen. Licht ist auch stets immer einfach Licht, wo es auch aufscheinen möge, selbst wenn vermeintlich die eine Flamme die andere angezündet hat. Während es für den freien Menschen klar ist, dass da niemand handelt, mag es für die anderen eine neue Erkenntnis bedeuten, dass ihre Handlungen letztlich nicht ‚ihre‘ sind, sondern dass sie von niemandem gemacht einfach erscheinen. Ebenso verhält es sich auch mit ihren Wahrnehmungen, den Gedanken und allen Ereignissen.

Gerade wenn sich Menschen von verschiedenem Bewusstsein begegnen, kann sich das Mysterium des Seins zeigen, das in seiner Lebendigkeit voller Überraschungen ist und gleichzeitig tief blicken lässt. Aber da ist niemand, der dies tut oder gar aktiv bewerkstelligen könnte – in seiner Unerklärlichkeit ist alles Geschehen einfach sich selbst.

Die Erörterung der drei Formen der langsamen, plötzlichen und vorbestehenden Öffnung, die oft auch als spirituelle Öffnung bezeichnet wird, bediente sich zwangsläufig einer Sprache, die sich in vermeintlichen Gegensätzen und damit Trennungen bewegt. Entsprechend erscheinen diese Aussagen aus anderer Sicht lediglich als ‚Geschichte‘, als eine Erzählung, die im besten Fall eine Annäherung an das Gemeinte bedeuten kann. Das Gesagte oder Geschriebene ist nie die Sache selbst, so wie der Bericht über eine Tasse Tee nie das Schmecken des Tees ersetzen kann. Alle Worte vermögen nicht zu beschreiben, was als diese Welt sowie alles darin und darüber hinaus erscheinen kann. Letztlich endet alles Darstellen in der großen Sprachlosigkeit, im umfassenden Schweigen, in der ewigen Stille.

IV

Nichts zu erreichen

Unendliche Weite

Der bereits erwähnte Bodhidharma wurde vom chinesischen Kaiser nicht nur gefragt, wer er sei, als er den Buddhismus ins Land brachte, sondern in erster Linie wollte der Kaiser wissen, welches ‚der höchste Sinn der Heiligen Wahrheit' sei. Bodhidharma antwortete daraufhin ‚Unendlich weit und leer, nichts von heilig.' Das also war seine Stellungnahme, und es ist die grundlegendste Botschaft des Buddhismus. Alles ist von unendlicher Weite, und das zu sehen bedarf der Wahrnehmung der Leere, jener absoluten Unfassbarkeit allen Seins. Was immer einem begegnet ist ‚unendlich weit und leer', und auch wir selbst sind es. Das reine Sein ist so.

Die unendliche Weite zu beschreiben ist ebenso unmöglich, wie die Leere zu charakterisieren. Da die Leere ohne Form ist – wenngleich sie jeder Erscheinung inhärent ist – sind alle Erscheinungen unendlich weit und groß. Nicht nur das Universum und unsere Welt als Ganzes sind unendlich weit, sondern auch jeder Grashalm, jedes Blatt, jede Blume. Dieses weite Wesen aller Erscheinungen muss der Schüler Buddhas namens Mahakashyapa gesehen haben, als er lächelte, während Buddha eine Blume hochhielt. Dies trug ihm die Position seines Nachfolgers ein, und so kann die Lehre Buddhas guten Gewissens auf diesen Punkt zurückgeführt werden (auch wenn sie sich nachher in unzähligen Sutren und Schriften niederschlug). Die Blume war ‚es‘ in ihrer ‚unendlichen Weite und Leere‘, und auch Mahakashyapas Lächeln war ‚es‘.

Die ‚unendliche Weite‘ ist das Wesen der Natur, das Wesen aller Erscheinungen und auch dasjenige von uns selbst. So wird die Begegnung damit zugleich zu einer Selbstbegegnung allen Seins. Das kann sich in verschiedenen Formen zeigen – als eine Art Sehnsucht (weil die Identität nicht offensichtlich ist), als eine Ahnung, ja selbst als ein Wissen, das doch nicht das Wissen von ‚jemandem‘ ist. So kann sich eine ganz dichte Stimmung ergeben, die Sehnsucht, Ahnung und Wissen zugleich umfasst. Für die Sehnsucht gibt es aber kein Ziel, denn es geht nicht um eine Sehnsucht nach etwas Bestimmtem. Als Ahnung geht es um eine Ausrichtung auf etwas Unnennbares, welches die konventionelle Sichtweise bei Weitem übersteigt. Und als Wissen in einem tieferen Sinne geht es um eine Art Mysterium, das man auch selber ist – nicht nur die umgebende Natur. Alles in allem handelt es sich um eine Empfindung, die nie Erfüllung finden kann und zugleich selber schon Erfüllung ist. Eine Lebensform, die nahe an der Natur ist und wenig Ablenkungen davon beinhaltet, mag solchen Empfindungen förderlich sein, auch wenn sie in sich kein Ziel ist. Und zugleich sind wir stets selbst schon so radikal Natur, dass nichts anderes mehr gefunden werden muss und kann. Was da ist, lässt sich überhaupt nicht fassen.

Sich selbst in der Unbeschreiblichkeit zu begegnen – was wiederum im Grunde gar keine Begegnung ist, sondern einfach reine Unbeschreiblichkeit – ist für das konventionelle Bewusstsein eine ganz außerordentliche Sache. Ohne wirklich eine ‚Selbstbegegnung‘ zu sein, (weil da niemand übrig bleibt,) übersteigt es alle Masse eines ‚Ich‘-Bewusstseins. Und es wird auch nie zu einer ‚Erfüllung‘ gelangen, sondern stets ein Mysterium bleiben. Jedes ‚Erkennen‘ oder sachliche ‚Wissen‘ wäre viel zu eng für das, worum es hier geht. Als Sehnsucht und Ahnung ist es vielleicht wie ein Tor, das – wenn es durchschritten ist – von niemandem durchschritten wurde, weil da nie jemand war. Und es bleibt auch kein ‚Erkennender‘, wenngleich es so etwas wie eine Art unpersönlicher Empfindung gibt. Im Pali-Kanon, der Sammlung der ursprünglichen buddhistischen Texte, ist dies so formuliert:

‚Bloß Leiden gibt es, doch kein Leidender ist da.

Bloß Taten gibt es, doch kein Täter findet sich.

Erlösung gibt es, doch nicht den erlösten Menschen.

Den Pfad gibt es, doch keinen Wand'rer sieht man.

Von Dauer, Schönheit, Glück, Persönlichkeit

Ist leer die erste und die zweite Wahrheit,

Von Ichheit leer das todlose Gebiet,

Und ohne Dauer, Glück und Ich der Pfad.‘

Es zeigt sich in diesen Worten die Empfindung, dass da im Grunde niemand ist, und dass es trotzdem eine Art Erkennen ergibt. Es lässt sich so aber nicht sagen, ‚wer‘ die Empfindung hat, weil es nicht mehr um die Person geht, der solche Gefühle zugehören. Und dennoch gibt es eine Art Wahrnehmung dessen, was ‚unendlich weit und leer‘ ist. Es wäre aber unrichtig zu sagen: ‚Ich bin die Weite‘. Das wäre ähnlich der Aussage: ‚Ich bin Bewusstsein‘, wie es manche ausdrücken – auch solche, die sich als Lehrende verstehen. Weil alles diese Weite ist, auch die Selbstwahrnehmung und das, was als ‚Ich‘ erscheint, kann es jedoch keine Weite ‚für mich‘ geben. Da ist nur Weite und keine Person, einfach unfassbar. Deshalb konnte Bodhidharma auch nicht sagen, wer er ist. Und wir können es letztlich auch nicht. So etwas, wie ein ‚persönliches Ich‘ kann es nur innerhalb des Unfassbaren geben, aber nicht als dessen Gegenüber.

Mit der Beschreibung von Erscheinungen wird dem Unermesslichen nichts Zusätzliches beigefügt. So verhält es sich auch mit dem ‚Ich‘, das zum Unermesslichen nicht im Gegensatz stehen kann. Dennoch entspricht dies der allgemeinen Auffassung. Indem wir ein getrenntes ‚Ich‘ postulieren, identifizieren wir uns auch gleich damit, was heißt: wenn ich von ‚mir‘ spreche, dann gibt es ‚mich‘ als eigenständiges Wesen und darum herum die Welt. Aufwachend am Morgen beginnt ‚für mich‘ die Erscheinungswelt, und einschlafend verschwindet sie. Im buddhistischen Sinne verstanden ist dies ‚der Traum‘. Demgegenüber wird die unergründliche weite Leere als die eigentliche Wirklichkeit verstanden. Weil in dieser weiten Leere aber nichts tatsächlich geschieht, lebt darin auch nicht wirklich jemand als ein ‚Ich‘, und da stirbt auch niemand. Letztlich ist alles ‚jenseits von Leben und Tod‘, wie es in buddhistischen Texten heißt.

Was als Leben erscheint, übersteigt damit jede Begrifflichkeit. Es verhält sich wie mit ‚Form‘ und ‚Leere‘. Die Erscheinungswelt als Leere ist dabei diejenige einer gleichzeitigen Anwesenheit und Abwesenheit. Als Lebenserscheinung gibt es Wahrnehmungen, die eigentlich niemandem zugeordnet werden können, und in einer gleichzeitigen Dimension der Leere gibt es kein getrenntes Wesen, welches sagen könnte, ‚wie es ist‘. Damit liegt auch in diesen Betrachtungen nur der Versuch einer näherungsweisen Formulierung dessen vor, was doch nicht beschrieben werden kann. Das ist mangelhaft, entspricht aber den zahlreichen religiösen und künstlerischen Versuchen, etwas anzudeuten, was nicht zu fassen ist.

Das tibetische Mahamudra, das sich als Essenz der Lehren Buddhas versteht, beschreibt dies so:

‚Alle Erscheinungen sind leer
von einer inhärenten Natur,
der Geist, der sich an die Leerheit hält,
verschmilzt mit seinem eigenen Grund.
Freiheit von allem Konzeptualisieren
ist der Pfad aller Buddhas.‘

Was also ist ‚der höchste Sinn der Heiligen Wahrheit‘, wie Bodhidharma gefragt wurde? ‚Unendlich weit und leer, nichts von heilig‘, war seine

Antwort. Aber auch Begriffe wie ,heilig' oder ,profan' verschwinden in dieser unendlichen Weite. Ist das Universum heilig? Ist es alltäglich? Wer kann das wissen? Keine Unterscheidung ist notwendig. Danach ruft auch das Universum nicht.

Keine Lehre

Was von unermesslicher Weite ist und auch alle Unterscheidungen wie heilig und profan, formhaft oder leer, ja gar existent und nicht-existent überwindet, das kann nicht beschrieben und damit auch nicht gelehrt werden. Im besten Falle lässt sich zeigen, wo ein Zugang dazu sein könnte, was wiederum voraussetzt, dass jener Mensch ihn kennt. Was sich auftut, kann aber niemand ermessen, denn es ist grenzenlos. Der alte Meister Obaku beschreibt es so: ‚Alle Erscheinungen sind von Anbeginn leer, und doch ist der Geist, mit dem sie identisch sind, nicht reines Nichts. Hiermit meine ich, dass er existiert, aber in einer Weise, die zu wunderbar ist, als dass wir sie erfassen könnten. Es ist eine Existenz, die keine ist, eine Nichtexistenz, die dennoch existiert. So existiert diese wahre Leere auf eine wunderbare Weise.‘ Die Unermesslichkeit wird hier als ‚Leere der Erscheinungen‘ charakterisiert, wobei sie im Grunde auch nicht den Erscheinungen zugeordnet werden muss – sie ist einfach.

Das Bedürfnis nach Erklärungen ist weit verbreitet und offensichtlich groß, und wie schon erwähnt gibt es entsprechend viele Lehren und viele Lehrende. Was sie im besten Falle ermöglichen, ist eine Annäherung an eine erweiterte Wahrnehmungsweise, worin sich die Unterscheidungen auflösen und die Unbeschreiblichkeit allen Raum einnimmt. Folgt man den Erwägungen solcher Menschen, ist zu bedenken, dass die Zugänge stets auch eine individuelle Note aufweisen und erst im wirklich offenen Raum wird ersichtlich, wie verschiedene Menschen im Grunde vom Gleichen sprechen. Allgemein ist aber gegenüber allen Lehren – besonders aber den persönlich gefärbten ‚Wegen‘ und Empfehlungen – Vorsicht geboten, weil das, was für den einen gilt, für andere nicht das Richtige zu sein braucht. Wirkliche Offenheit kann man aber selbst erkennen. Man spürt, ob jemand ‚das‘ verkörpert, und es lässt sich auch erfühlen, ob sich eine Resonanz zu den Äußerungen solcher Menschen ergibt.

Auch der alte Meister Obaku war gegenüber Lehren kritisch eingestellt. So sagte er: ‚Dass es nichts gibt, was zu erreichen wäre, ist keine leere Rede. Es ist die Wahrheit.‘. Was sich dem offenen Geist zeigt, kann nicht erfasst werden, und doch zeigt es sich. Dazu erläuterte Obaku: ‚Ihr braucht keinerlei Lehre zu studieren; ihr müsst nur lernen, wie ihr es vermeidet, nach etwas zu suchen und euch an irgendetwas zu klammern. Wo nichts gesucht wird, ist der ungeborene Geist gegenwärtig. Wo keinerlei Anhaften besteht, ist der unzerstörbare Geist vorhanden.‘ Wenngleich von solchen Dingen geschrieben oder gesprochen wird, ist damit im Grunde nichts gesagt – die Worte verhallen im leeren Raum. Dazu Obaku: ‚Du magst den ganzen Tag lang reden, aber was ist damit gewonnen? Du magst von morgens bis zur Abenddämmerung zuhören – was hast du damit gehört? So wurde, auch wenn Gautama Buddha neunundvierzig Jahre lang predigte, in Wahrheit kein Wort gesprochen. In Wirklichkeit wird der Dharma weder mit Worten gepredigt, noch auf andere Weise bezeichnet. Die Zuhörenden hören nichts und erlangen nichts. Es ist, als hätte ein imaginärer Lehrer imaginären Schülern gepredigt. Was soll das Gerede über Erreichen und Nicht-Erreichen? Tatsache ist Folgendes: Denkst du an ‚etwas‘, dann schaffst du eine Wesenheit; denkst du an ‚nichts‘, schaffst du eine andere. Lass solch irrtümliches Denken vollkommen vergehen. Dann wird nichts zu suchen übrig bleiben.‘

Die wahre Lehre – sollte so etwas angenommen werden – wäre die leere Lehre, die Lehre der Leere, welche keine Lehre sein kann, da sie ja leer ist. Um den Begriff der Leere gibt es dabei Verwirrung, wenn man sich darunter etwas vorstellt, irgendwie etwas, das ganz leer ist, das aber doch etwas ist. Die Leere kann aber nur ‚nicht etwas‘ sein, d.h. sie existiert nicht als etwas, das erfahren werden könnte. Sie ist auch nicht ein Attribut oder etwas den Erscheinungen Hinzugefügtes, wenngleich sie manchmal als der ‚Urgrund‘ aller Dinge bezeichnet wird. Auch dieser Urgrund ist letztlich nur eine Beschreibung ohne Realitätsgehalt, weil man den Dingen, den Erscheinungen und der Welt nichts hinzufügen muss, damit sie ‚sind‘ oder ‚sein können‘. Die Unermesslichkeit übersteigt alle solche Überlegungen.

Bereits der alte hinduistische Philosoph Adi Shankara sagte: ‚Das Studium der Schriften ist fruchtlos, solange Brahman nicht erfahren wird. Die Erfahrung Brahmans (zeitlos unbewegtes kosmisches Sein, im Zen als das Absolute bezeichnet) aber macht das Lesen der Schriften unnötig.‘ Das Studium der Schriften kann sogar zur Ablenkung werden, denn schließlich geht es um die Wahrnehmung einer wie auch immer bezeichneten Unergründlichkeit. Jede Lehre hat ja noch einen Inhalt, der sich an Personen richtet, und oft sind damit auch Empfehlungen oder Aufforderungen verbunden. Wenn es umgekehrt keine konkreten Inhalte, Ziele und Hinweise mehr gibt, gibt es konsequenterweise auch keine Lehre mehr. Ohne Aufforderung an das ‚Ich‘ braucht es auch keine Feststellung, dass es nichts zu tun gibt.

Für das, was ist, braucht es letztlich keine Theorie, keine Lehre. Im Buddhismus ist die Rede davon, dass alle ‚Dharmatore‘ durchschritten werden müssen, und dies heißt letztlich, auch alle Lehren hinter sich zu lassen. Was ist und erscheint, ist bereits ‚Alles‘ – in einer ganz unfassbaren Weise – und es braucht dazu nichts Weiteres – keine Erklärungen, keine Bedeutung, und auch keinen ‚Weg‘, der dazu führen würde. Die Unergründlichkeit ist sich selbst, und dazu braucht es keine Lehre. Stets findet sich diese grenzenlose Manifestation, die niemand von jemandem bekommen kann. Befreiung muss eine Befreiung von allem sein, und damit ist es auch die Befreiung vom Wunsch nach Befreiung. Erst wenn alles hinter sich gelassen ist, jedes Bemühen, jede Lehre, und wenn sich auch der Wunsch nach Erkenntnis verflüchtigt hat, ist die Sicht frei auf die absolute Unfassbarkeit dessen, was die Welt und was wir selbst sind. Darauf verwies Rinzai mit den Worten: ‚In diesem Körper existiert etwas, der wahre Mensch ohne Rang und Namen, das wahre Ich mit absoluter Freiheit, das nirgendwo haftet. Wer das noch nicht bemerkt hat, mache die Augen auf!'

Ohne Erklärungen

Für das Mysterium des Seins braucht es nicht nur keine Lehre, sondern auch keinerlei Erklärungen. Die Person vermag nie zu fassen, worum es hier geht. Zudem bedienen sich Erklärungen stets eines Erklärungsrahmens – also gewisser Vorstellungen, in welchem Zusammenhang dann etwas erklärt wird. Das Erklärungsmodell bestätigt sich damit selbst – was ihm Rahmen von Aufgaben für die Alltagsbewältigung durchaus Sinn macht. Um aber zu erklären, was die Dinge im Grundsatz sind, taugen solche Modelle nichts. Es kann geradezu als Grenzüberschreitung erscheinen, wenn dargelegt wird, wie etwas ist und wie es zu verstehen sei. Es wird damit ein Standpunkt postuliert, und dabei bleibt außer Betracht, dass es einen solchen Standpunkt nicht geben kann. In vielen Fällen wird dieser Standpunkt in den Himmel verlegt – in den Bereich von etwas Göttlichem, (was immer das sein mag,) woraus dann die Welt ,verstanden' und einzelne Ereignisse beurteilt werden.

Wer das Recht eines ,höheren Standpunktes' für sich beansprucht, wird damit zum Rechthaber – durchaus in einem problematischen Sinn verstanden, denn er ,weiß es besser als andere', oft auch mit dem Anspruch verbunden, dass andere den eigenen Ansichten folgen sollten. So gesehen ist jedes Erklärungsmodell, aus dem sich Verhaltensweisen für andere ableiten sollen, überheblich und übergriffig. Dies gilt für Einzelpersonen ebenso wie für kollektive Vorstellungen und religiöse Modelle. Aus solche Modellen kann sich für Herrscher oder für ein vorherrschendes Kollektiv jedoch Macht ableiten. Allerdings gibt es auch gesellschaftlich allgemein akzeptierte Normen, (die nicht einmal bewusst sein müssen,) welche als Machtfaktoren wirken. Jede Gesellschaft geht von Modellen aus, die sich auch stets verändern und daher keine wirkliche Gültigkeit haben können. Sie sind nur Abbilder der aktuellen gesellschaftlichen Ansichten, und wer diesen nicht entspricht, ist immer der Verfolgung ausgesetzt – auch wenn dessen alternative Vorstellungen niemandem schaden, außer ihrer Wirkung, den aktuellen Konsens in Frage zu stellen. Jeder Impuls zu Veränderungen wird automatisch zum Widerstand gegen die allgemeinen Normen. Modelle und Erklärungen implizieren aber auch im zwischenmenschlichen Verhalten Empfehlungen, Erwartungen und gelegentlich auch Aufforderungen, wie man sich zu verhalten habe. Die eigenen Grenzen (was einem nicht zuträglich ist) werden dabei gerne als Grenzen für andere definiert (was sie nicht tun dürfen). Allerdings greifen solche Empfehlungen nicht tiefer.

Erklärungen betreffen nie die Ebene des ‚absoluten Seins‘, also dessen, was mit keiner Lehre erklärt werden kann. Sie taugen weder als Hinweise darauf, noch können sie inhaltliche Angaben vermitteln. Weil es keinen Inhalt gibt, nichts Fassbares, entzieht sich diese Ebene allen Zugriffen – auch wenn diese noch so wohlwollend vorgebracht werden. Manchen Erklärungen hängen sogar Heilsversprechen an, was in einem tieferen Sinne aber als Ablenkung vom Eigentlichen verstanden werden muss. In diesem Falle werden nicht nur Möglichkeiten zur ‚Verbesserung der Befindlichkeit‘ vorgeschlagen, sondern die Heilsaussichten selbst basieren bereits auf entsprechenden Modellen. Das Vorbringen solcher Empfehlungen und Aussichten kann – so gut es gemeint sein mag – zu einer eigentlichen Verwirrung führen, und es verhindert in jedem Falle den Zugang zu einer reinen Offenheit, die – gerade weil sie nichts Bestimmtes im Auge hat – alle Erklärungen und Heilserwartungen übersteigt.

Die Berge – kümmern sie sich darum, wie ihre Entstehung erklärt wird? Wir selbst in unserer Tiefendimension, in der Unfassbarkeit unseres Seins – spielt es eine Rolle, was wir darüber denken? Alles Gedachte wird zum Hindernis einer umfassenden Wahrnehmung, weil es den Erfahrungshorizont auf das Modell reduziert, das hinter den jeweiligen Gedanken steht. Deshalb wohl heißt es im Zen, dass die Gedanken alle zu lassen seien.

Wie schon dargelegt beschreibt Krishnamurti den Zustand jenseits des Denkens als Meditation. Diese bedeutet nicht einfach das Sitzen in einer bestimmten Stellung, sondern vor allem die Wahrnehmung des Seins jenseits aller Erklärungen. So sagt er: Diese Art von ‚Meditation ist, wenn wir sie recht begreifen, eines der außerordentlichsten Dinge. Wir können nicht zu ihr gelangen, ehe wir nicht endlich damit aufhören, nach Erfahrung zu verlangen.‘ Und auch die ‚Wahrnehmung, die ohne Formulierung, das heißt ohne den Gedanken ist, gehört zu den seltsamsten Phänomenen. Die Wahrnehmung ist dann weit unmittelbarer – nicht nur der Verstand, sondern auch alle Sinne sind daran beteiligt. Eine Wahrnehmung dieser Art ist weder die bruchstückhafte Wahrnehmung des Intellekts, noch eine rein gefühlsmäßige. Sie kann totale Wahrnehmung genannt werden und ist ein Teil der Meditation.‘ Und: ‚Du bist so still, dass Dein Körper zu einem Teil der Erde wird, zu einem Teil von allem, was still ist.‘

Hier löst sich die Trennung von Mensch und Natur, ja seine eigentliche Form auf, denn diese Trennung ist künstlich. Wir sind die Natur, und wir sind auch die Unermesslichkeit. Beides zeigt sich, wenn die Vorstellung von uns als einem getrennten Wesen dahingefallen ist. Dass alles ‚eins‘ ist, ist keine intellektuelle Angelegenheit. Und es ist auch nicht eine persönliche Sache. Wenn ‚Dein Körper zu einem Teil der Erde wird‘, also in seinem Wesen erfasst ist, dann ist man selbst Teil des Ganzen, und – in Einheit erfahren – nicht nur ein Teil, sondern das Ganze selbst.

Nichtwissen

Niemand kann wissen, was dieses Leben ist. Aus einem ganz einfachen Grund: es gibt nichts anderes. Natürlich ist es möglich, dieses eine Leben in Einzelteile zu zerlegen und gewisse so gewonnene Aspekte miteinander zu vergleichen. Dies ist ja, was wir im Allgemeinen stets und in jeder Hinsicht tun – wir lösen aus dem Gesamten einzelne Dinge oder Ereignisse heraus, die dadurch überhaupt erst definiert werden, und untersuchen oder bewerten sie im Rahmen von Vorstellungen, die wir uns darüber bilden. Schließlich können die entsprechenden Ansichten in Modellen weiter ‚verstanden' und behandelt werden. Das dient auch der wissenschaftlichen Entwicklung.

Wissenschaft ist so gesehen auch ein Umgang mit Modellen, kann aber über das Ganze allen Seins nichts aussagen. So etwa kann alle Medizin nicht beschreiben, was ‚Leben' eigentlich ist, und für die moderne Physik ist ‚Materie' kaum mehr fassbar. Dazu sagt Hans-Peter Dürr (Physiker und Träger des alternativen Nobelpreises): ‚Es gibt die Materie im Grunde nicht. Es gibt letzten Endes nur eine Art Schwingung. Es gibt streng genommen keine Elektronen, es gibt keinen Atomkern, sie sind eigentlich nur Schwingungsfiguren.' Im religiösen Umfeld werden Modelle aber oft noch als allumfassende ‚Wahrheit' verstanden, die – weil sie sich nicht messen lässt – als ‚göttlich' begründet wird. Dabei wird ‚Gott', ‚Allah', oder wie immer auch genannt, selbst wiederum durch die Inhalte des entsprechenden religiösen Modells charakterisiert. Wenn man einen solchen Begriff für das unerklärliche Ganze setzen will, dann dürfte das, was als Gott, Allah oder sonst wie beschrieben wird, keinerlei Eigenschaften aufweisen, und es könnten auch keine Botschaften davon ausgehen.

In diesem Sinne ist jedes Wissen ein Pseudowissen innerhalb eines Modelles, und wenn es ums Ganze geht, ist es nur konsequent, von ‚Nichtwissen' zu sprechen – wir können nicht wissen, was das Ganze ist, resp. was das Leben ist als ‚alles was es gibt und nicht gibt'. Während auch der Buddhismus selbstverständlich ein Modell ist, gibt es im spirituellen Osten immerhin Begriffe wie ‚Brahman', ‚Dharma', ‚Tathagata', ‚Leere', ‚Tao', welche auf das Unnennbare verweisen und keinen Inhalt und schon gar keine ‚Göttlichkeit' für sich beanspruchen. (Selbstverständlich haben auch die hier angestellten Überlegungen keinen Wahrheitscharakter und sind wie alle Formulierungen nur ein Modell – allerdings eines, das auf ‚nichts' hinweist.)

Sokrates sagte offenbar: ‚Ich weiß, dass ich nicht weiß', und vom alten Zen-Meister Nansen wird die Botschaft: ‚Wissen ist nicht der Weg' überliefert. Wenn diese Art ‚Weg' in der Übersetzung oft mit Großbuchstaben geschrieben wird, so verweist dies darauf, dass es sich nicht um einen Weg handelt, der gegangen werden kann, sondern um das Ganze im Sinne des Tao. Nansens Botschaft ist entsprechend: ‚Wissen ist nicht das Ganze‘. Und als Altmeister Baso gefragt wurde, ‚Was ist Buddha?‘, antwortete er ‚Weder Geist noch Buddha‘. Buddha wird damit in die Reihe anderer Begriffe gestellt, die für das Ganze stehen und jedes Konzept überschreiten. So verstanden ist Buddha keine ‚göttliche Gestalt‘, sondern vielmehr ein Ausdruck für das Ganze. Wenn Meister Hakuin nun sagt: ‚Dieser Leib das Leben des Buddha‘, so meint er damit uns – wir selbst sind das ungetrennt Ganze. Tatsächlich kann das so empfunden werden, wobei es nicht eine persönliche Wahrnehmung ist, vielmehr zeigt es sich einfach als ein Sein, das sich überall findet (was wiederum nicht mehr als eine näherungsweise Beschreibung ist).

Weil im Nichtwissen alle Vorstellungen und Begrifflichkeiten dahinfallen, bedeutet ‚nicht zu wissen‘ letztlich auch keine Erkenntnis. ‚Nichtwissen‘ ist nicht ‚etwas‘, das nicht gewusst werden kann, sondern bedeutet vielmehr, dass da ‚nichts‘ ist, das zu wissen wäre. Alles was beschrieben werden könnte, trifft auf ‚Nichtwissen‘ nicht zu. Letzteres ist kein Modell, sondern es entzieht sich jedem Zugriff und ist unfassbar. Im Nichtwissen löst sich auch das Wissen auf, und damit gibt es letztlich weder Wissen noch Nichtwissen – auch dies nur Begriffe. Da ist einfach nichts Beschreibbares. Nichtwissen überschreitet auch Begriffe wie Existieren oder Nichtexistieren, wovon schon an anderer Stelle die Rede war. ‚Nichtwissen‘ und Unergründlichkeit sind letztlich Synonyme. Was nicht gewusst werden kann, ist unergründlich, und umgekehrt kann das Unergründliche nicht gewusst werden. Die Welt als Ganzes übersteigt unsere Erkenntnismöglichkeiten, und damit auch alle Erscheinungen, wenn wir von den üblichen Vergleichen der Einzelelemente absehen.

Wie schon erwähnt spricht man im Buddhismus von der ‚Wesensnatur' oder vom ‚Absoluten', das allem innewohnt. Der alte Zen-Meister Tozan Ryokai beschreibt das Verhältnis des ‚Absoluten' zu den Erscheinungen in verschiedenen Beziehungsmustern, welche sich in ein letztes ‚Vergessen' verdichten: (1) Die Unergründlichkeit (das Absolute) enthält alle Erscheinungen; (2) in allen Erscheinungen liegt Unergründlichkeit; (3) die Unergründlichkeit zeigt sich auch im Handeln; (4) dieses ist absichtslos, wenn man frei ist von den Vorstellungen von etwas Absolutem und von Erscheinungen; und (5): werden selbst diese Erwägungen vergessen, besteht vollkommene innere Freiheit.

Wenn Nichtwissen nicht gewusst werden kann, kann es auch nicht direkt gefühlt werden. Und dennoch scheint es eine Art Wahrnehmung der Unermesslichkeit zu geben, ein Gespür für das Grenzenlose, das uns umgibt, dem wir selber zugehören, ja das wir letztlich sind. Voraussetzung für solche Empfindungen ist, dass es keine Bindung an spezifisches Fachwissen gibt und kein Bedürfnis, verstehen zu wollen, was hier ist. In eigenartiger

Weise ist es sehr erfüllend, nicht wissen zu müssen, was diese Welt und das Leben sind und worum es gehen könnte. Es bedeutet, keine Erklärungen haben zu müssen, und das ist wirklich befreiend. Ein weiter, unbeschreiblicher Raum tut sich auf, und alle Erscheinungen sind dieser Raum. Wenn alles dieses Eine ist, dann gibt es auch nichts zu wollen, nichts anzustreben oder zu erfüllen. Was hier ist, ist bereits vollständig, und es braucht nichts Zusätzliches, damit es ist, was es ist. In tiefem Nicht-Wissen erscheint die ganze Welt einschließlich unserer selbst als Mysterium, was wiederum als Erfüllung wahrgenommen werden kann – selbst wenn es so etwas wie Erfüllung nicht wirklich gibt. Die Berge und die Seen, die Wiesen und die Wälder sind nicht von etwas erfüllt – sie sind einfach sich selbst. So verhält es sich auch mit uns, und niemand weiß etwas darüber.

„Das" ist alles

Die Beschreibungen, dass da ‚kein Ich' ist (Advaita),
oder dass da ‚keine Person, kein Selbst, kein Leben
und keine Lebensspanne' sind (Diamant-Sutra), das
sind reine Annäherungen. Im Grund sind auch sie
falsch, treffen es nicht. Jenseits von allen Beschreibungen ist die reine Unbeschreiblichkeit. Das was
ist, ist einfach unbeschreiblich. Es ist alles. Und
dann geht es nicht einmal mehr zu sagen, dass da
etwas ist. Es ist wie der reine Schnee in unendlicher
Landschaft. Im Zen gibt es vom alten Meister
Haryô die Redensart, ‚in einer silbernen Schale
Schnee anhäufen', womit auf die Ähnlichkeit von
beidem hingewiesen wird. Dabei geht es aber nicht
um den Unterschied, was einem dualistischen, kon-
zeptionellen Denken entspricht, sondern vielmehr
um das weiße Feld als reiner Unbeschreiblichkeit.
Wenn auch ‚es gibt kein Ich' weggelassen ist, ist
nichts mehr, und doch gibt es ein Gewahrsein davon. Das ist ‚es'.

‚Da ist nichts in allen Erscheinungen', ‚Form
ist Leere', ja sogar ‚jenseits von Leben und Tod'
sind Annäherungen, die letztlich noch in dualistischen Worten liegen. All dies trifft es nicht wirklich. Es ist die absolute Unfassbarkeit, welche die
Erscheinungen mit einschließen. Sie wird von niemandem wahrgenommen und kann nicht wahrgenommen werden als ‚etwas'. Darüber kann es einfach keine Worte geben – deshalb schweigen die
Weisen. Sie schweigen nicht so, wie es im Zen oft

gelehrt wird: ‚Schweigen als etwas‘, als ein ‚Zustand‘. Es gibt einfach wirklich nichts zu sagen. Da hört Zen auf.

Es ist auch nicht so, dass innerhalb von etwas ‚Absolutem‘ etwas erscheint. Die bereits erwähnten ‚Fünf Stände‘ von Tozan Ryokai sind auch nur eine Annäherung und noch etwas dualistisch. Das Nichts, das Alles ist, ist vollkommen unbeschreiblich. Es ist einfach ‚Das‘. Das im Zen oft zitierte ‚MU‘ ist auch nichts anderes.

Es gibt die äußerliche Oberflächlichkeit (mit der entsprechenden Rede), und es gibt eine weitere Oberflächlichkeit, die etwas zu beschreiben versucht, was nicht beschrieben werden kann. Dazu gehören Werke der spirituellen Literatur. Alles was sich zeigt, ist ‚das‘. Es gibt nur ‚das‘. Darin erscheint nichts, weil es schon alles ist. Dieses ‚das‘ ist nicht nur jenseits von Leben und Tod, es ist auch jenseits von einer solchen Beschreibung. Selbst die früher zitierte Aussage ‚es stirbt niemand, weil niemand lebt‘ ist immer noch eine Beschreibung. Aber anders kann man ja nicht sprechen. Letztlich ist da nur das große Schweigen. Darunter darf man sich aber nichts vorstellen, und es bleibt nur noch die Erscheinung, ungetrennt. Sie das Absolute zu nennen, ist auch schon zuviel. Es gibt eben nur Ungetrenntheit. Niemand kann sie erfahren (und doch gibt es eine Art Gewahrsein). Auch von Erscheinungen zu sprechen und ‚das‘ als das Absolute zu bezeichnen, ist (immer noch) konzeptuell. Es gibt nicht Erscheinungen und etwas Absolutes. Es gibt beides nicht, und sie sind auch nicht eins.

Auch der erwähnte ‚Schnee in der Silberschale‘ ist weder zwei noch eins. Es mag einfach ein Ausdruck sein, um auf das hinzuweisen, was unbeschreiblich ist. Es gibt im Zen auch andere Redensarten, die auf das Gleiche hinweisen, z.B. ‚Der Eichbaum im Garten‘ als Antwort des Joshû auf die Frage, worum es letztlich geht. Er meint damit nicht die vordergründige Erscheinung des Eichbaums, sondern die Erscheinung, die zugleich ‚es‘ ist. Schon das einfache Aussprechen der Worte ist ‚es‘, doch ist da noch ‚etwas‘, das Aussprechen. In vielen Zen-Texten besteht die Antwort auf solche Fragen deshalb oft im reinen Schweigen, so wie es beispielsweise Vimalakirti zum Ausdruck bringt.

‚Das‘ ist jenseits von Erleben. Es weist weder auf etwas Absolutes hin, noch ist es dieses. Aber auch alles andere ist es nicht. Selbst wenn es kein Erleben beinhalten würde, wäre es noch eine Erscheinung. Aber auch dies ist nur eine reine Beschreibung ohne Inhalt. Es gibt nur ‚das‘. Selbst es Einheit zu nennen, ist zuviel. Die Einheit, die nicht einmal Einheit ist – welche Erscheinung soll schon damit zu tun haben? Die so verstandene Einheit beinhaltet auch nicht etwas. Sie ist in sich selbst, was sie ist. Sie beinhaltet auch nicht ‚gut und böse‘ – das sind Unterscheidungen, die es so nicht gibt. Nur auf einer gewissen Ebene von Worten.

Man könnte über die Ebenen sagen: (1) da ist etwas; (2) da ist nichts, und (3) da ist absolut nichts. Oder auch (1) Da ist etwas, (2) da ist nichts, (3) da ist weder etwas noch nichts. Die Formulierung (4) da ist nichts und etwas zugleich, erscheint demgegenüber schon sehr dualistisch. Im Prinzip ist da ,nichts nichts'. Und dies auch nicht im Sinne von ,etwas'. Welche Befreiung, wenn es nicht mehr ,Erscheinungen im Absoluten' gibt, was eine dualistische Formulierung ist. Erscheinungen als ,etwas' zu verstehen, und das Absolute als ,nicht etwas', wäre, als gäbe es zwei solche Dinge. Es gibt nicht einmal eines davon. Und zu sagen, dass das ein Konzept sei, ist selbst ein Konzept.

In diesem ,nichts nichts' gibt es nichts zu erreichen, weil da nichts ist, und auch niemand. Und zugleich ist das alles. Das Kleben an Erscheinungen ist auch ein Kleben an der Vorstellung, dass es Erscheinungen gebe. Das ist Dualismus und hat nichts mit ,dem' zu tun. ,Es' ist vollkommen unerklärlich und dazu gibt es nur das Schweigen (scheinbar). Da ist einfach nichts. Nicht einmal Schweigen.

Freiheit des Seins

Es ist schwierig, Dinge oder Begriffe zu erörtern, zu denen kein Gegenpol besteht. So verhält es sich nicht nur mit der Leere, dem Tao oder der Unergründlichkeit, sondern auch mit der Freiheit. Üblicherweise wird Freiheit ja verstanden als Freiheit von etwas oder für etwas, und auch als Freiheit von jemandem, einer Gruppe von Menschen oder als Freiheit innerhalb einer Gesellschaft. Immer bezieht sich ein solcher Freiheitsbegriff auf etwas, und er steht damit im Gegensatz zu Unfreiheit oder einem geringeren Freiheitsgrad in einer anderen Umgebung. Oft wird Freiheit auch in sich selbst gesucht – man trachtet danach, den inneren Freiheitsgrad zu erhöhen durch eine offenere Weltsicht, mehr innere Ruhe oder was auch immer.

Manche sprechen auch davon, dass Freiheit darin bestehe, sich in Übereinstimmung mit den Lebensumständen zu befinden, oder aber in Übereinstimmung mit ‚sich selbst‘ zu sein. Und auf dem Weg dazu komme man sich ‚näher‘. Wie aber soll der Mensch etwas anderes sein, als sich selbst? Er kann ja gar nicht anders – zu keinem Zeitpunkt. Immer sind wir ‚uns selbst‘. Natürlich kann der Blick darauf verborgen sein, weil wir uns mit so vielen Angelegenheiten beschäftigen, aber auch mit diesen Ablenkungen sind wir ‚uns selbst‘. So gesehen gibt es nichts zu gewinnen, und wenn wir uns noch so sehr darum bemühen.

Tiefe Freiheit kann nicht von Bedingungen und Umständen abhängen, denn so wäre sie keine wirkliche Freiheit mehr. Auch eine auf irgend ein Gegenteil bezogene Freiheit ist keine wirkliche Freiheit, denn sie würde sich nur in der Spanne von zwei vordefinierten Polen bewegen. Was immer sich an einem Gegenteil orientiert, ist beschränkt und nichts Eigenständiges. Auch die Liebe ist nicht etwa das Gegenteil von Hass, sondern einfach sich selbst. Etwas und sein Gegenteil bewegen sich stets innerhalb einer bestimmten Dimension, und dort ist keine umfassende Freiheit. Ohne ein Gegenteil kann Freiheit letztlich aber gar nicht definiert werden. Allenfalls besteht ein Gefühl oder eine Empfindung dafür, was aber nicht etwas zugeordnet werden kann und auch nicht jemandem als Person gehört. So gesehen ist Freiheit nicht ‚für jemanden‘ oder ‚von jemandem‘, sondern muss viel weiter gefasst verstanden werden. Freiheit ist damit einfach ein anderer Begriff für ‚das Ganze‘, für die Einheit allen Seins. So widersprüchlich es klingen mag, besteht die Freiheit aller Dinge und Erscheinungen doch gerade darin, einfach ganz ‚sich selbst‘ zu sein. Damit liegt auch die Freiheit des Menschen darin, ganz Mensch zu sein, und die Freiheit jedes individuellen Menschen bedeutet, genau ‚sich‘ zu sein. Dies ist auch unausweichlich, denn etwas anderes ist nicht möglich.

Sich selber zu sein ist aber mehr, ja etwas grundsätzlich anderes, als sich ‚bei sich‘ zu fühlen.

Es mag die tiefe Wahrnehmung davon sein, genau das zu sein, was man ist. Und dies ist zunächst das Leben in seiner individuellen Form. Aber es geht weit darüber hinaus, denn – wie schon früher angesprochen – gibt es so etwas wie ‚mein Leben' gar nicht. Alles Leben gestaltet sich selbst, und alle Formen sind derart miteinander verbunden, dass sie letztlich eins sind. Es verhält sich damit wie mit der Welle und dem Wasser. Thich Nhat Hanh sagte einmal: ‚Die Welle muss nicht sterben um Wasser zu werden. Sie ist bereits Wasser.' Wenn die Welle erkennt, dass sie Wasser und das weite Meer ist, dann wird sie nicht von etwas frei, sondern sie erkennt ihr tiefes Wesen, was wiederum wie die Weite und Freiheit des unendlichen Meeres und Wassers ist. So wie sich die Welle nicht ‚in Übereinstimmung' mit dem Wasser und dem weiten Meer befindet, sondern dieses selbst ist, so verhält es sich auch mit uns Menschen. Wir sind das Leben selbst und müssen es nicht suchen. Angesichts dessen, dass das Leben umfassend ist und letztlich nicht aufgeteilt werden kann, sind wir alle dieses eine Leben, und nicht die Person, als die wir uns gewohnheitsmäßig verstehen.

Die Freiheit des Seins wird offensichtlich, wenn sich die persönlichen Bezüge und Identifikationen aufgelöst haben. Der alte Meister Mumon Ekai sagte dazu: ‚Wer diese Schranke durchschritten hat, wandelt in einsamer Freiheit im Weltall.' Es lässt sich sogar sagen, dass da nicht einmal mehr einer ist, der ‚einsam wandelt', sondern dass sich einfach die Freiheit des Weltalls zeigt. Freiheit ist in diesem Zusammenhang nicht eine Freiheit ‚für sich', sondern die Freiheit von allen Vorstellungen über sich selbst. So wie sich (im vorherigen Vergleich) die Welle nicht mehr auf sich bezieht, sondern sich als Wasser und Meer erkennt, so bezieht sich der Mensch nicht mehr auf sich als getrenntes Wesen, sondern erfährt die ‚unendliche Weite', wie es Bodhidharma bezeichnet hat. Da ist einfach unendliche Weite. Und wie die Wellen im Meer schaukeln, so flottieren die Ereignisse im unendlichen Raum, von niemandem gemacht. Keine Welle ‚lebt' auf Dauer – denn sie besteht nur aus den Bewegungen des Wassers. Und so kommen und vergehen auch wir als die Bewegung des zeitlosen Seins – nicht zu etwas nütze, sondern einfach, weil es so geschieht. Ohne uns als getrennte Person zu verstehen, gibt es auch nichts zu wollen und zu sollen. Da ist einfach die große Freiheit des einen Seins. Nichts kann dabei richtig oder falsch gemacht werden, so wie auch keine Welle ‚richtiger' ist als die andere. In der Freiheit allen Seins gibt es auch nichts zu finden, denn Finden wäre schon eine Einschränkung. Es wäre mit einem Ziel verbunden, dem auch eine Suche vorangehen könnte. Eine derartige Suche findet ihr Ende aber nicht etwa darin, dass etwas gefunden würde, sondern darin, dass der oder die Suchende verschwindet. Die Vollständigkeit, die immer und überall ist, muss nicht erreicht werden. Sie besteht schon.

Wie es ist, ‚Meer' und nicht eigentlich ‚Welle' zu sein, ist schwer zu beschreiben. Dort, wo einmal das Gefühl einer ‚Identität' war, (die wir gerne als ‚Ich' bezeichnen,) besteht unergründliches Sein. Es gibt keine Identifikation mit etwas, sondern nur dieses Sein, und dies ist auch keine persönliche Erfahrung. Der Körper ist da, aber er gehört niemandem, und alle Bewegung ist ein Geschehen, hier wie dort, bei anderen wie bei sich, und niemand macht es. Zeitlos schaukeln die Wellen ihm Meer – ein stetes Auf und Ab. Und so ist es auch unter den Menschen, es ist einfach das Kommen und Gehen, das Tun und Lassen – das was immer und überall geschieht und daher zeitlos ist. Es ist das Immerwährende jenseits der Zeitachse, das sich in jedem Moment zeigt.

Nachklang

Alle Betrachtungen dieses kleinen Buches sind nichts anderes als Spuren im Sand. Insofern sie sich auf Buddha und seine Reden beziehen, wie sie vom indischen Raum über China bis nach Japan und in den Westen übermittelt worden sind, mögen es auch Buddhas Spuren sein. Sicherlich sind sie in den Jahrhunderten der mündlichen Überlieferung und in der Zeit der ersten Niederschriften und allen späteren Übersetzungen durch Interpretationen verändert worden. Im Grunde wissen wir nicht, was Buddha wirklich gesagt hat. Auch Buddhas Spuren vergehen, und was bleibt ist einzig das weite Meer.

Die großen Wellen, die das Meer selber ist, verschlucken alle Spuren, und von manchen Sandburgen sind nur noch geringe Überreste zu sehen. Auch sie werden dahingehen, wie alle unsere Gedanken und Werke, und sie werden zugleich aufgehoben sein im großen Meer und im weiten Sand, aus dem sie hervorgegangen sind.

Was kümmert es den Buddha, wenn seine Spuren ganz verschwinden? Er ist auch nur eine Vorstellung. Gerade gut genug, bis die nächste Welle kommt. Die Weite des Meeres und des Wassers aber bleibt, und sie muss nicht einmal entdeckt werden, um zu sein.